Jens Haberland

Serienmörder
im Europa des 20. Jahrhunderts

Jens Haberland

Serienmörder

im Europa des 20. Jahrhunderts

Berichte Interviews Fotos

Mit einem Vorwort von
Prof. Dr. Frank-Rainer Schurich

und Fotos von Jürgen Daum

Eisbär

Literatur zum Vorwort von Prof. Schurich:

Benny Hill Show 1980. In: Annette Keck und Ralph J. Poole (Hrsg.): Serial Killers. Das Buch der blutigen Taten, Leipzig 1997, S. 74

Fish, Albert: Brief an Mrs. Budd. a.a.O., S. 72-73

Hentig, Hans von: Zur Psychologie der Einzeldelikte. Der Mord, Tübingen 1956

Pfeiffer, Hans: Der Zwang zur Serie. Serienmörder ohne Maske. Ein Tatsachenbericht, Leipzig 1996

Zeiseweis, Karen: Amok - Was ist davor? Unveröffentlichtes Manuskript. Berlin 1997

Verlag und Autor danken
Paul Fischer für die Mitarbeit an diesem Buch.

Inhalt

Vorwort

Klopf. Klopf.

Ehemann:	Wer da?
Stimme:	Jack the Ripper.
Ehemann:	Für Dich, Liebes!

(Benny Hill Show 1980)

Serienmörder scheinen Konjunktur zu haben, aber sie sind beileibe keine Erfindung des 20. Jahrhunderts. Die Geschichte des Serienmordes, wenn sie einst geschrieben würde, könnte kaum nachweisen, daß der *Serial Killer* auf der Geschichtsachse immer gewalttätiger, intensiver und exzessiver seine Mordspuren zieht.

Dennoch ist dieses Thema zeitgemäß. Heute sind wir live dabei. Das macht den Unterschied zu den früheren Taten. Wo immer einer wie ein Raubtier im Dschungel seine Opfer sucht, überschlagen sich die Medien, schnellen Auflagen empor. Quasi wie in einer massenmedialen Reality-Show verübt er, der im Dunkeln, im Unsichtbaren Agierende, aufs neue seine blutigen Taten. Und ist er dann endlich gefaßt, wächst das öffentliche Interesse noch einmal, bis das Urteil gesprochen und - in manchen Ländern - bis zum Tode des Delinquenten vollstreckt ist. Dann wartet man geduldig - auf den nächsten Killer.

Wie kann dieses Phänomen erklärt werden? Einerseits wohl aus der Tatsache, daß vom Serienmörder eine unheimliche Faszination ausgeht. Aus der nüchternen Sicht des wissenschaftlichen Kriminologen wird das oft bestritten, aber es stimmt trotzdem. Es ist das Faszinosum Gewalt, das ihn so attraktiv macht, es ist das Ungeheuerliche, sich kaltblütig über Recht und Moral zu stellen, das Unbekanntes und Verborgenes, Fremdes und zuweilen Eigenes entdecken läßt. Zugleich erzeugt er massenhaft Angst. Diese ungewöhnliche Kombination von Abscheu, Ekel und Faszination ist es, die den „thrill“ ausmacht.

Serienkiller sind, wie der Name schon sagt, multiple Mörder, aber einer besonderen Art. Deshalb gehört nicht jeder Massenmörder automatisch zu dieser Klasse. Holzwart zum Beispiel (Magdeburg 1845) erschlug seine sechsköpfige Familie, schnitt den Allerliebsten noch die Kehle durch und versuchte, sich selbst zu töten. Letzteres mißlang gründlich. Obwohl ein Massenmörder, tötete er nicht in Serienabsicht. Denn er wollte nur seine Familie, die er über alles liebte, mit in den Tod nehmen. Bei ihm war keine Mordgewöhnung ausgebildet, wie der Kriminologe Hans von Hentig einmal schrieb, „die bei jedem echten Massenmörder wächst, als gleite der Mensch immer weiter in alte Bereitschaft der Lebensvertilgung zurück".

Auch Amokläufer, unbestritten multiple Mörder, können wir nicht zu den Serienkillern rechnen. Der Hauptlehrer Ernst Wagner, der in Degerloch im September 1913 seine Frau und seine vier Kinder durch Stiche in Hals und Brust ermordete, danach nach Mühlhausen an der Enz fuhr und wahllos neun Personen erschoß und weitere elf schwer verletzte, tötete nicht in Serie. Das seiner Tat zugrunde liegende raptusartige Geschehen, zeitweilig ohne Rücksicht auf das eigene Leben, dieses kurzzeitige intensive Morden in der Öffentlichkeit unterscheidet den Amokläufer vom über lange Zeiträume beständigen Serienmörder, der unter vier Augen tötet. Und macht wohl, daß Wagner - im Gegensatz zu Haarmann, Denke und Kürten - fast vergessen ist. Denn beim Amokläufer bricht die Gewalt wutartig für einen Moment heraus, während der Serienmörder, wie von einer fremden Macht gesteuert, die wutartige Gewalt immer wieder ausbrechen lassen muß.

Nicht leicht zu beantworten ist die Frage: Wie wird man ein Serienmörder? In erster Linie scheinen die Killer geboren zu werden. Zwischen Kannibalismus und sozialer Not, wie im Deutschland der 20er Jahre, als die Verbrechen mehrerer kannibalischer Massenmörder begangen wurden, dürfte jedoch ein Zusammenhang bestehen. Dieses Hinzutreten von sozialen Ursachen zur individuellen Verbrechensdisposition hat der Schriftsteller Hans Pfeiffer sehr treffend in folgende Worte gefaßt: „Das kollektive Unbewußte eines Volkes enthält auch einen geheimen Raum für die Schlachtbank eines Großmann, eines Haarmann, eines Denke.“ Wie in der modernen Gesellschaft die Verdinglichung des Menschen zum toten Objekt insgesamt eine neue Dimension von Gewalt geboren hat. Aber dominierend scheint die Macht der Gene zu sein, die zum Zwang der Serie treibt ... Genaueres orten wir aber, leider, immer noch nicht.

Serienmörder sind, wie andere Menschen auf anderen Gebieten, entweder Früh- oder Spätstarter. Wir wissen, daß Tierquälerei, oft nur als Dummer-Jungen-Streich abgetan, für die kriminelle Aufbau- und Übungsphase von Sadisten typisch ist. Will man dem Bericht von Peter Kürten glauben, hat er mit neun Jahren seinen ersten Mord verübt. Andere hingegen beginnen ihr teuflisches Handwerk bedeutend später.

Damit ist schon gesagt worden, daß Serienmörder meist Sadisten sind und, auch wenn sie es nicht sind, bei der Tatausführung fast immer eine sexuelle Saite mitschwingt. Schon ein Blick auf die kleine „Statistik“ dieses Buches lehrt uns zudem, daß es sich um eine herausragende männliche Domäne handelt und Frauen die Ausnahme von der Regel bilden, die in den Tiefen ihrer Seelen aber gleichermaßen sadistisch veranlagt sein können.

Serienmörder werden von Freunden und Bekannten oft als ganz normale, unauffällige Menschen beschrieben. Das macht sie so gefährlich und zugleich - sympathisch. Es könnte immer einer von uns sein, der aber doch anders sein muß und vor dem wir uns in allerletzter Konsequenz fürchten müssen, so wie wir uns zuweilen vor uns selbst fürchten.

Serienmörder, die uns so faszinieren, weil sie sich scheinbar unbeschwert über alle Normen hinwegsetzen können, sind dennoch unglückliche Menschen. So lesen wir in diesem Buch, daß Karl Denke ein Unglücklicher war, der nach den Gesetzen seines Daseins Kreise vollenden mußte. *Serial Killers* leiden sehr an ihrem Anderssein, das aus geheimen Orten des Innern kommt. Es quält sie, daß sie ihren Trieben folgen müssen, aber wir können ihre Erschütterungen nicht seismographisch fassen. Auch aus diesem Grunde agieren sie so unauffällig.

Sie sind insofern ein Produkt der Gesellschaft, als jene allein es ihnen erlaubt, immer und immer wieder die schauerlichsten Verbrechen zu begehen. Denn wären sie beim ersten Mord gefaßt und verurteilt worden, hätten, wie die Kriminalgeschichte beweist, dutzendfach viele Menschenleben gerettet werden können. Aber das durch Polizei, Staatsanwaltschaft und Gericht installierte Frühwarnsystem des Gemeinwesens versagt oft. So kam die Untersuchung gegen Albert Howard Fish, der mehrere Kinder umgebracht hatte (New York 1928), erst nach Jahren in Gang, als er der Mutter eines Opfers, Mrs. Budd, 1934 leichtsinnigerweise brieflich unter anderem mitteilte: „Ich habe sie erwürgt, bevor ich sie in kleine Stücke schnitt, um ihr Fleisch mit nach Hause zu nehmen, es zu kochen und zu essen." Nur in ganz seltenen Fällen hört der *Serial Killer* wie von selbst auf mit seinem blutigen Treiben, und bleibt dadurch, wie bei den dreizehn Leichenfunden in Cleveland (USA) 1935 bis 1938, für ewig unentdeckt. Die Regel ist das aber nicht. Andersherum kann, wenn der Abwehrdienst der Gesellschaft funktioniert und schon beim ersten Mord oder beim ersten sadistischen Anschlag die Staatsgewalt zuschlägt, eine derartige Karriere verhindert werden.

Serienmörder sind daher, vor allen Dingen, aber nicht nur aus der Sicht der Kriminalistik, „unsere strengsten Erzieher und sollten uns lehren, mit erneuter Bemühung die Schwächen unseres Wissens zu überwinden, die sie aufzeigen" - wie es Hans von Hentig einmal formulierte.

Das Buch „Serienmörder im Europa des 20. Jahrhunderts" von Jens Haberland breitet vor uns neunzehn Fälle aus. Gut recherchiert und spannend erzählt, kann es gar den Fachmann in seinem Bemühen unterstützen, die Psyche dieser Täter zu ergründen, ihren Motiven näherzukommen und durch die Analyse der Begehungsweisen und Tatabläufe Täterprofile zu erarbeiten.

Das Buch ist auch deshalb sehr aktuell, weil es vom Versagen der Justiz erzählt, wenn in der Verfolgungshysterie Unschuldige zu langen Haftstrafen oder zum Tode verurteilt und hingerichtet wurden oder wenn zu Unrecht Verdächtigte Selbstmord verübten. Ebenso lehrreich sind die zahlreich geschilderten Pannen der Polizei. Peter Sutcliffe, der Yorkshire Ripper, schaffte es, die Tatwerkzeuge Hammer und Messer unter den Augen der Polizei verschwinden zu lassen. Der Fehler konnte schnell ausgebügelt werden, weil ein Beamter, einem Instinkt folgend, am nächsten Tag an den Ort der Festnahme zurückkehrte und die Waffen fand. Erschütternd aber zu lesen, daß Anzeigen von Opfern, die den Totschlägern entkommen konnten, mit einer gewissen Regelmäßigkeit von der Polizei nicht ernst genommen werden, wodurch sie, die Polizei, zum geheimen Komplizen der Verbrecher avanciert. In den Fällen Dennis Nilsen, Paul Ogorzov und Jürgen Bartsch ist dieses Unglaubliche beschrieben. Gleichfalls schenkte man dem letzten Opfer von Karl Denke zunächst keinen Glauben, sondern es bekam im Gegenzug eine Anklage wegen Bettelns und Landstreicherei. Indizien dafür, daß wir in der Tat noch sehr wenig vom *Serial Killer* wissen und selbst Ordnungshüter, die einiges darüber gelernt haben müßten, ihm oft blauäugig und leichtfertig gegenübertreten.

Wir lesen ferner erstaunt, daß Serienmörder - wie Reginald Christie - ihre Geliebten auf Polizeistationen kennenlernen können und daß - psychologisch interessant - Mordhäusern oft ein trauriges Schicksal zuteil wurde. Entweder wollte dort niemand mehr wohnen oder sie wurden einfach abgetragen, weil Touristen massenhaft Steine als Souvenirs mitnahmen oder Nachbewohner Stimmen hörten und hologrammartige Körper an der Wand sahen. Und in der heutigen Bartle Road in London gibt es, obwohl die Straße nach den schrecklichen Morden zweimal umbenannt wurde und sogar völlig neu entstand, zwischen den Neubauten Nr. 9 und 11 keine Nr. 10 mehr: Nur eine Brache erinnert uns noch an das Unglückshaus...

Die Fälle, über die Jens Haberland berichtet, spiegeln insofern das wirkliche Kriminalistenleben wieder, als sich nicht alle Serienmörder in den Netzen der Fahnder verfangen. Bela Kiss zum Beispiel blieb für immer unauffindbar, und nicht alle Umstände können, wie in der Strafsache Adolf Seefeldt, selbst wenn der Täter gefaßt wurde, abschließend und umfassend erhellt werden.

Durch aktuelle Fotografien nicht nur der Tatorte und durch Interviews mit Betroffenen unterscheidet sich dieses Buch erfreulich von der übrigen, ein wenig inflationären Literatur zum Thema. Allerdings muß der in einem Interview geäußerten Auffassung von einer ungezügelten Selbstjustiz energisch widersprochen werden. Denn wenn diese Gesellschaft immer noch nicht richtig weiß, wodurch den entsetzlichen Taten vorgebeugt werden kann, wie man mit *Serial Killers* umzugehen hat und auf welche Weise diese zur Verantwortung zu ziehen und/oder zu therapieren sind, eines weiß sie mit Bestimmtheit: Die tödliche Rache an ihnen wäre genauso unmenschlich wie ihre Taten.

Prof. Dr. Frank-Rainer Schurich

(Literatur zum Vorwort auf Seite 4)

Der Fall Dennis Nilsen

Am Abend des 8. Februar 1983 wurde der Klempner Michael Cattran von einem Mieter des Hauses Cranley Gardens in Muswill Hill im Norden Londons angerufen und gebeten, einmal nachzusehen, warum der Abfluß sämtlicher Toiletten seit mehreren Tagen verstopft war. Als er den Kanalschacht des Drainage-Systems öffnete, entdeckte er Unmengen verfaulendes Fleisch. Da sich auch Fingerknochen darunter befanden, hatte er keinen Zweifel, daß es sich um menschliche Leichenteile handelte und informierte die Polizei. Sämtliche Bewohner des Hauses wurden zu dem Fund befragt, unter ihnen der siebenunddreißigjährige Staatsbeamte Dennis Nilsen. Er ließ die Polizei bereitwillig in seine Wohnung eintreten, aus der ihnen ein bestialischer Gestank entgegenschlug. Nach der Ursache befragt, erklärte Nilsen ohne sichtbare Emotion, es handele sich um das verwesende Fleisch zweier Männer, die er kürzlich ermordet habe, und deutete auf zwei Plastiktüten in einer Zimmerecke. In den Tüten fanden die Beamten zwei abgetrennte Köpfe sowie einen Schädelknochen, von dem das Fleisch abgezogen worden war, und im Bad stießen sie auf die unversehrte untere Hälfte eines männlichen Torsos. Der dazugehörige Rest lagerte in zerhackten Brocken in zwei weiteren Plastiktüten und einem Papierkorb. Dennis Nilsen wurde verhaftet. Im Polizeiwagen erklärte er auf eine entsprechende Frage von Chief Inspektor Peter Jay vom Hornsey CID, er habe insgesamt fünfzehn oder sechzehn Männer getötet. Und auf der Polizeiwache präzisierte er diese Angaben ohne jede Umschweife und berichtete in

Cranley Gardens Nr. 23

stoischer Ruhe von drei Männern, die er in seiner aktuellen Wohnung, und zwölf oder dreizehn weiteren Männern, die er in einem früher von ihm bewohnten Apartment, 195 Melrose Avenue in Cricklewood, getötet habe. Die meisten von ihnen seien wie er selbst homosexuell gewesen. Es sei eine Erlösung für ihn, sich die Sache von der Seele zu reden. Bei der Durchsuchung der Wohnung und des Gartens in der Melrose Avenue stieß die Polizei auf zahlreiche Menschenknochen sowie ein Scheckbuch und einige Kleidungsstücke, während Nilsen mehrere Tage lang verhört wurde und mit erstaunlicher Erinnerung an kleinste Details von seinen Mordtaten berichtete. Sein erstes Opfer, einen jungen, nie identifizierten irischen Arbeiter, hatte er im Dezember 1978 in einer Taverne in der Nähe der Melrose Avenue kennengelernt. Man hatte reichlich getrunken und war anschließend in Nilsens Wohnung gegangen, um den Umtrunk dort fortzusetzen. Auf Nilsens Angebot, die Nacht bei ihm zu verbringen, ging der junge Mann nicht ein, schlief aber dann doch, betrunken wie er inzwischen war, im Sessel ein. Nilsen erklärte während seiner Vernehmung, er habe sich nach Gesellschaft gesehnt und gefürchtet, sein Gast würde ihn verlassen, sobald er wieder aufgewacht wäre. So griff er nach einer Krawatte und erdrosselte ihn. Anschließend entkleidete und wusch er die Leiche, ein Ritual, das er von nun an nach jedem seiner Morde vollziehen sollte. Bis in den August hinein versteckte er den Leichnam unter den Dielenbrettern seiner Wohnung, bis er ihn schließlich in den Garten schleifte und in einem offenen Feuer verbrannte. Den Geruch überdeckte er, indem er einen alten Autoreifen mit ins Feuer warf.

Melrose Avenue Nr. 195

Im November 1979 sprach Nilsen in einem Pub in Salisbury einen homosexuellen Chinesen an und nahm ihn mit in seine Wohnung. Der junge Mann hatte einen Faible für abartige Sexspiele und ließ sich bereitwillig auf Nilsens Bett fesseln. Nilsen versuchte, ihn zu erwürgen, aber sein Opfer konnte sich losreißen, floh aus dem Haus und erstattete Anzeige. Die Polizei aber glaubte Nilsens Version, nach der der Chinese ihn habe ausrauben wollen und setzte ihn auf freien Fuß.

Um den 3. Dezember herum lernte Nilsen im Princess Louise in High Holborn einen dreiundzwanzigjährigen Kanadier namens Kenneth James Ockendon kennen. Sie gingen in Nilsens Wohnung, aßen Eier mit Schinken und tranken reichlich Alkohol. Anschließend hockte sich Ockendon vor den Fernseher, wobei er gleichzeitig Kopfhörer trug und Rockmusik aus Nilsens Hifi-Anlage hörte. Dies dürfte der Grund gewesen sein, warum er sein Leben lassen mußte. Nilsen wollte Gesellschaft, unterhielt sich gerne und fühlte sich von seinem Gast zurückgewiesen. Als Okendon ihm bis kurz nach Mitternacht noch immer keine Beachtung geschenkt hatte, griff er nach einem Kabel und erdrosselte ihn kurzerhand. Nilsen war selbst viel zu betrunken, um sich um die Leiche zu kümmern, und setzte sich statt dessen nun selber die Kopfhörer auf und hörte stundenlang Musik. Am nächsten Tag versuchte er, sein Opfer unter der Diele zu verstecken, was ihm aber nicht gelang, da mittlerweile die Totenstarre eingesetzt hatte. Also zerstückelte er die Leiche und vergrub sie im Garten.

Alle seine Morde verliefen nach ganz ähnlichem Muster, wobei Nilsen die Leichenteile teilweise sogar kochte, um sie besser verschwinden lassen zu können, und

Der "Golden Lion" im Londoner Bezirk Soho war eine von den Kneipen, in denen Nilsen seine Opfer aufgabelte.

nur seine Festnahme dürfte verhindert haben, daß ihm weitere ahnungslose junge Männer zum Opfer fielen. Am 24. Oktober 1983 wurde die Gerichtsverhandlung im Central Criminal Court eröffnet, und obwohl er insgesamt fünfzehn Morde und weitere fünf Mordversuche gestanden hatte, wurde Dennis Nilsen nur für sechs Morde und zwei Mordversuche angeklagt. Am 4. November wurde er in allen Anklagepunkten für schuldig gesprochen und zu lebenslanger Haft verurteilt.

Der Mann, der sich selbst mit einem gewissen Stolz als „Englands größter Massenmörder" bezeichnete, war Schotte und kam am 23. November 1945 in Fraserburgh zur Welt. Seine Mutter Betty, eine geborene Whyte, hatte im Jahr 1942 den norwegischen Soldaten Olav Nilsen geheiratet. Es sollte keine sehr glückliche Ehe werden. Olav war selten zu Hause, trank übermäßig, und so ließ sich Betty nach sieben Jahren wieder scheiden. 1954 heiratete sie zum zweiten Mal und trug von nun an den Namen Betty Scott. Dennis Nilsen aber wuchs im Hause seiner Großeltern auf, und sein Großvater, Andrew Whyte, wurde ihm zum Ersatzvater, an dem er mit ganzem Herzen hing. Nilsen war gerade einmal sieben Jahre alt als Andrew verstarb und Dennis von seiner Mutter ins Haus gerufen wurde, um sich von seinem Leichnam zu verabschieden. Ein ganz offensichtlich traumatisches Erlebnis für den kleinen Jungen, und Nilsen bemerkte in den umfangreichen Aufzeichnungen, die er während seiner Haft anfertigte, „damals begannen meine Probleme". Das Ableben des geliebten Großvaters sei ein derartiger Schock für ihn gewesen, daß es seinen eigenen emotionalen Tod bedeutet habe.

Polizeiplakat des vermißten Kanadischen Touristen Kenneth Ockenden

METROPOLITAN POLICE

Appeal for Assistance

MISSING

Kenneth OCKENDEN, aged 26,
a visitor from Canada, vanished
from his central London hotel
in very suspicious circumstances
in December 1979.
He was looking forward to
returning to his family in Canada
for Christmas 1979.
He left most of his personal
property in his hotel room but took his camera and lenses.
These could provide a vital clue :-
Canon Single Lens Reflex Camera - Serial No :- 315448TX
Lens - Serial No :- 1210427FD50 - F18
Telephoto Lens - Serial No :- 171431FD28 - F28

DO YOU KNOW WHERE HE IS?
HAS HE BEEN MURDERED?
HAVE YOU SEEN OR BOUGHT THE EQUIPMENT?

Please contact the Police on
01-230 1212
or your nearest Police Station.
All information treated as strictly confidential

1961 ging Nilsen zur Armee, wo er den Beruf des Kochs erlernte. Es war in dieser Zeit, daß er damit begann, regelmäßig zu trinken, und obwohl er sehr einsam war, lehnte er engere Freundschaften ab. 1972 verließ er die Armee und wurde Polizist, gab auch diesen Beruf nach nur neun Monaten wieder auf, arbeitete eine Weile lang für einen Wachschutz und schließlich als Interviewer für die Manpower Services Comission.

Seit November 1975 teilte sich Nilsen seine Wohnung in der Melrose Avenue mit dem zehn Jahre jüngeren David Gallichan. Nilsen besteht darauf, daß die beiden nie eine homosexuelle Beziehung gehabt hätten, aber trotzdem hatte der junge Mann eine immense Bedeutung für ihn. Und als Gallichan im Mai 1977 beschloß, London zu verlassen und einen Job auf dem Land anzutreten, ließ er einen zutiefst verbitterten Nilsen zurück, der sich unendlich gedemütigt und verlassen fühlte. Das unfreiwillige Ende der Beziehung zu David Gallichan dürfte der entscheidende Faktor gewesen sein, der schließlich die mörderische Gewalt freisetzte, die fünfzehn Männern das Leben kosten sollte.

Ende der 80er Jahre hatte Dennis Nilsen im Gefängnis von Wakefield eine Affäre mit dem 32jährigen Jimmy Butler, der wegen bewaffneten Raubüberfalls einsaß und die Geschichte seiner Liebesbeziehung mit dem Serienmörder später vermarktete.

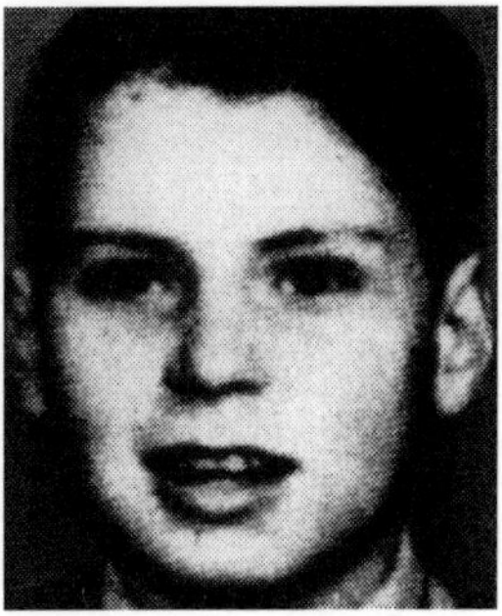

Der Junge Dennis Nilsen

Dennis Nilsen

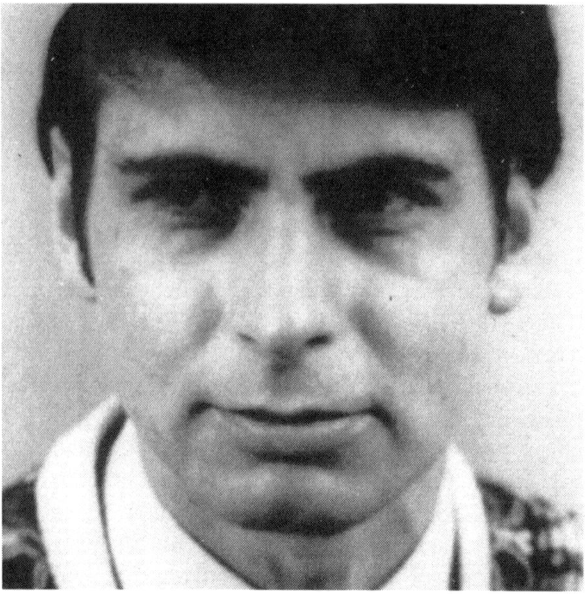

Der Teufel von Rostov

„Warum nur hat Gott mich zur Erde gesandt, mich, einen Menschen, der so liebevoll, zärtlich und nachsichtig ist und doch seinen eigenen Schwächen so vollkommen hilflos ausgeliefert.“ (Andrej Chikatilo)

Es war kalt an diesem trüben Wintertag des 22.12.1978, als das unvorstellbare Grauen einer beispiellosen Mordserie sein erstes Opfer fand. Svetlana Gurenkova, eine pflichtbewußte Bürgerin des ukrainischen Bergarbeiterstädtchens Shakty, stand an der Bushaltestelle und beobachtete mit wachsendem Mißtrauen einen großen, kräftig gebauten Mann mit merkwürdig hängenden Schultern, der eindringlich auf ein etwa zehnjähriges Mädchen einsprach. Die Augen hinter großen, getönten Brillengläsern verborgen, trug er eine Plastiktüte in der Hand, aus der der Hals einer Weinflasche herausragte. Die Beiden ergaben ein ungewöhnliches Bild. Dieser nicht mehr junge Mann mit der Weinflasche und das dick vermummte Kind, das dort unsicher zu ihm aufschaute, wirkten auf Svetlana keineswegs wie Onkel und Nichte, und auch wenn sie zu weit entfernt standen, um ihre Worte zu verstehen, so beschloß Svetlana doch, sie im Auge zu behalten. Schließlich machte der Mann Anstalten zu gehen, und das Mädchen lief ihm nach kurzem Zögern hinterher. Vielleicht gehörten die Beiden doch irgendwie zusammen, aber ein leiser Zweifel blieb, als sie den Bus bestieg und nach Hause fuhr.

Andrej Chikatilo, geb. am 16.10.1936 in Yablochnoye, wußte, wie man Kinder ansprach und ihr Vertrauen gewann, hatte er doch selbst einen Sohn und eine Tochter, Yurka und Ludmilla, und war Lehrer an der örtlichen Schule für Bergarbeiterkinder, GPTU-33. Er hatte an der Universität von Rostov am Don Russische Literatur, Ingenieurwesen und Marxismus-Leninismus studiert, beim Militär gedient, war engagiertes Mitglied in der Partei und ein vorbildlicher Familienvater. Nach außen hin der unauffällige Sowjetbürger, der in seinem Leben alles richtig gemacht hatte, sah seine Selbsteinschätzung vollkommen anders aus. Chikatilo würde später erklären, er sei gewissermaßen ohne Augen und ohne Genitalien zur Welt gekommen. Seine Sehschwierigkeiten, die es ihm während seiner Kindheit unmöglich gemacht hatten, die Worte an der Tafel des Klassenzimmers zu erkennen, erfüllten ihn schon früh mit Wut und Selbstmitleid, und während seiner Jugend mußte er bald feststellen, daß er zwar wohl zur Ejakulation fähig, aber zu keinerlei Erektion in der Lage war. Die seltenen Ausnahmen, die ihn später mit, wie er es ausdrückte, ´handfester Unterstützung‘ seiner Frau Fenya zum Vater werden ließen, änderten nichts an seiner Überzeugung, daß er als kastrierter Krüppel zur Welt gekommen war. Und noch ein weiterer Schicksalsschlag mag sein Leben nicht unwesentlich beeinflußt haben. Noch bevor er geboren wurde, war sein Bruder Stepan während der verheerenden ukrainischen Hungersnot der frühen 30er Jahre entführt, ermordet und teilweise aufgefressen worden. Kein Einzelfall damals, aber Chikatilos Mutter war nicht müde geworden, ihm die Geschichte über Jahre hinweg wieder und wieder weinend zu erzählen, wie auch Chikatilos Schwester Tanya später bestätigen sollte. Dabei hatte sich Chikatilo nichts sehnlicher gewünscht als einen älteren Bruder, der ihn, der sich als absolut schwach, wehrlos und zu jeder Widerrede außerstande erlebte, gegen den beißenden Spott seiner Mitschüler in Schutz genommen hätte. Auch während seiner Lehramtstätigkeit fand er kein Mittel gegen die Hänseleien der älteren Schüler, die ihn wegen seiner ´weibischen` Haltung und seines watschelnden Ganges als Gans und in einem Atemzug mit der Behauptung, man habe ihn mit dem Penis eines schlafenden Jungen im Mund erwischt, als jämmerliche Schwuchtel beschimpften. Diese Jungen genossen seine Hilflosigkeit, schubsten und knufften ihn bei jeder Gelegenheit, und als ihn schließlich einer von ihnen im Park von hinten niederschlug, kaufte er sich ein Messer und trug es von nun an ständig mit sich herum.

Andrej Chikatilo hatte sich heimlich eine Zweitwohnung in der Granica Ulica Nr. 26 gemietet, und genau dorthin war er nun unterwegs, mit der neunjährigen Lena Zakotnova, die er an der Bushaltestelle angesprochen hatte, an seiner Seite. Als er die Tür des Hauses öffnete und das Mädchen hineinschob, waren seine letzten Zweifel verflogen. Schließlich hatte er die Wohnung gemietet, um endlich tun zu können, wonach ihm schon so lange gelüstete. Wenn er um die Mädchentoiletten herumgeschlichen war und auf den Knien liegend versucht hatte, einen Blick unter der Tür hindurch zu werfen, oder wenn er sich im Gedränge des Busses zwischen die Kinder schob, sich an ihnen rieb und auch mal eine Hand in ein Höschen gleiten ließ. Er schloß die Tür auf und warf Lena zu Boden. Sie schrie, als er ihr die Jacke aufknöpfte und die Hose herunterzog, und diese Schreie erregten ihn. Aber er mußte auf der Hut sein, durfte sich nicht erwischen lassen. Also drückte er seinen Ellenbogen mit ganzer Kraft auf ihren Hals und wickelte ihr einen dikken Schal um das entsetzte Gesicht. Als er aber den Geschlechtsakt vollziehen wollte, blieb die Erektion aus. Dennoch bekam er einen Orgasmus. Seinen Samen brachte er mit der Vagina des Opfers in Verbindung und empfand dabei eine pervertierte Art des Vergnügens, das er selbst hauptsächlich auf den Prozeß der Verletzung dieses kleinen Körpers zurückführte. Lena schrie und strampelte noch immer, und Chikatilo dachte an seine Frau, und daß sie ihm dies hier niemals verzeihen würde. Er zog das Messer hervor und stach dem kleinen Mädchen dreimal tief in den Magen.

Mit dem nun schweigenden Kind unter dem einen Arm, und ihrer Schultasche in der anderen Hand trat er aus dem Haus und schaute sich vorsichtig nach Passanten um. Dies mag erklären, warum er vergaß, das Licht zu löschen, und auch nicht bemerkte, wie das Blut aus dem kleinen Körper auf die Straße tropfte.

Er eilte zum nahen Fluß Grushevka, warf das Mädchen hinein und schleuderte die Schultasche hinterher.

Am 24.12.1978 wurde Lenas Leiche unter einer Brükke gefunden. Nur dreihundert Meter vom Fundort entfernt wohnte Alexander Kravchenko. Der mittlerweile Fünfundzwanzigjährige war 1970 wegen Vergewaltigung und Mord an einem siebzehnjährigen Mädchen zu zehn Jahren Jugendstrafe verurteilt und nach sechs Jahren vorzeitig entlassen worden. Da er kein Alibi vorzuweisen hatte, wurde er verhaftet.

Sobald Svetlana Gurenkova vom Mord an der kleinen Lena erfuhr, meldete sie sich bei der Polizei und berichtete von ihrer Beobachtung zwei Tage zuvor. Mit ihrer Hilfe wurde ein Phantombild des zweiten Verdächtigen erstellt und unter anderem auch Direktor Andreev von der GPTU-33 vorgelegt, der Chikatilo sofort identifizierte. „Sprechen sie mit niemandem darüber", instruierten ihn die Beamten, bevor sie die Schule verließen, und der brave Mann hielt sich an die Anordnung.

Am 27.12. entdeckten zwei Streifenpolizisten die Blutspuren vor dem Haus Grania Ulica Nr. 26. Sie nahmen eine Probe und brachten sie ins Labor. Ihre Nachforschungen ergaben, daß das Haus vom verdächtigen Andrej Chikatilo gemietet worden war. Die Nachbarn sagten aus, daß in der fraglichen Nacht Licht im Hause gebrannt habe, und so wurde Chikatilo zum Verhör geladen und verhaftet. Es stellte sich allerdings schnell heraus, daß sich seine Blutgruppe (AB) nicht mit der seines Samens (B) deckte, die im Körper des Mädchens gefunden worden waren. Und da nach dem damaligen Kenntnisstand Blutgruppe und Samen eines Mannes immer vom gleichen Typ sind, wurde Chikatilo wieder auf freien Fuß gesetzt. Kurze Zeit später brach der unschuldige Kravchenko bei der Polizei unter Schlägen und Drohungen zusammen und legte ein Geständnis ab. Er wurde zum Tode verurteilt, hingerichtet, und der Fall galt zunächst als gelöst.

Aber das Morden sollte weitergehen, und als Issa Kostoev, einer der erfolgreichsten Kriminalisten der Sowjetunion, im November 1985 den Fall übernahm, waren bereits 23 Opfer, Mädchen, Jungen und junge Frauen, in Rostov und Umgebung gefunden worden. Vergewaltigt, erstochen, mit einem Seil erdrosselt und zerstückelt.

Chikatilo war inzwischen dazu übergegangen, seine Opfern Brustwarzen, Zungen und Geschlechtsteile abzubeißen, und schnitt ihnen Arme und Beine ab, die zum Teil auf verschiedenen Müllplätzen der Stadt gefunden wurden. Vom Täter selbst aber fand man bis auf ein einziges graues Haar nie die geringste Spur, und so konnte auch Kostoev keinen Erfolg vorweisen, bis am 6.11.1990 einem Zivilpolizisten in der Nähe eines Wäldchens, in dem mehrere der Morde verübt worden waren, ein grauhaariger Mann auffiel, der sich an einer Pumpe die Walderde von den Schuhen wusch und einige Pilzsammler in auffallend übertriebener Herzlichkeit grüßte. Er ließ sich den Ausweis des Mannes zeigen und berichtete noch am selben Abend seinem Vorgesetzten Kostoev von seiner Beobachtung. Der Mann hieß Andrej Chikatilo. Kostoev suchte nach einer eventuellen polizeilichen Eintragung und stieß nun zum ersten Mal auf die Akte, die ihm bei der Übernahme des Falles nicht einmal ausgehändigt worden war. Er war entsetzt, zu lesen, daß Chikatilo damals mit einem Messer, einem Seil und Vaseline in der Tasche aufgegriffen worden war. Und da er erst kürzlich in einer Fachzeitschrift gelesen hatte, daß es in äußerst seltenen Fällen durchaus vorkommen kann, daß Blutgruppe und entsprechende Gruppendefinition des Samens eines Mannes nicht übereinstimmen, ließ er Chikatilo sofort verhaften. Es sollte nicht lange dauern, bis Chikatilo ein umfassendes Geständnis ablegte. Am 14.10.1992 wurde Andrej, Chikatilo wegen 55 fachen Mordes von Richter Akubzhanov in Rostov zum Tode verurteilt. „Und daß es nie mehr solche Menschen wie mich gäbe!“ Diesen Wunsch schrieb Andrej Chikatilo am 14. Februar 1994 in das Buch „Der Mörder“ von M. Kriwitsch und O. Olgin. Daß dieser Tag sein letzter werden würde, wußte er noch nicht, als er den Spruch in das Buch schrieb.

Das Buch gehörte dem Staatsanwalt Anatoli Sadoroschny, der 1992 im Prozeß gegen Andrej die Todesstrafe als Vergeltung für die mindestens 53 Morde verlangte. Zwischen dem verurteilten Mörder und seinem Ankläger hatte sich über die letzten zwei Jahre eine recht gute Beziehung entwickelt.

Daß Andrej Chikatilo gesellig und kontaktfreudig war, war niemandem im Gefängnis entgangen. Er paßte sich schnell an seine neuen Lebensbedingungen an, las viele Bücher, schrieb Unmengen von Anträgen und Beschwerden und wollte sogar seine Memoiren verfassen.

Als Autor hatte er bereits Erfahrung. Als Lehrer und Mitglied der Kommunistischen Partei der Sowjetunion schrieb er seinerzeit etliche Artikel über Moral.

Wie das Gefängnispersonal berichtete, hatte Andrej Chikatilo große Angst um sein Leben und bat deshalb darum, in einer Einzelzelle untergebracht zu werden. Er hatte aufgrund seiner grausamen Verbrechen nun natürlich berechtigte Angst vor Anschlägen seiner Mithäftlinge. Mit einigen von ihnen, die ihm harmlos erschienen, spielte er oft Schach und nahm als Gewinn Lebensmittel entgegen. Er hatte ständig großen Appetit, konnte diesen jedoch außerhalb der üblichen Mahlzeiten nicht stillen, da er weder Besuch noch Pakete von seinen Angehörigen bekam.

Augenzeugen berichteten, daß Chikatilo bis zur letzten Minute seines Lebens nicht an seine Hinrichtung glaubte. Er ging offenbar davon aus, daß er - als pathologischer Mörder von wissenschaftlicher Bedeutung und außerdem offenbar geisteskrank - noch begnadigt werden würde. Der Präsident lehnte sein Gesuch jedoch ab.

Seine Leiche begrub man auf einem Friedhof in Nowotscherkassk.

Aktuelle Anmerkungen und ein Interview:

Am 10. April 1997 wurde der Sohn Andrei Chikatilos, Juri Chikatilo, vom Bezirksgericht Rostov zu einer Freiheitsstrafe von zwei Jahren verurteilt. Juri war wegen Vergewaltigungen, Erpressungen, Urkundenfälschung und noch einiger anderer Delikte angeklagt worden.

Aufgrund der Furcht der Zeugen, in der Öffentlichkeit gegen Juri Chikatilo auszusagen - er hatte ja kein Kapitalverbrechen begangen und würde also irgendwann entlassen werden - konnte ihn das Gericht lediglich wegen Erpressung bestrafen, heißt es in der Moskauer Presse.

Da Juri vor seinem Prozeß bereits ein Jahr in Untersuchungshaft verbracht hatte, wird man ihn im Frühjahr 1998 entlassen. Das Gesetz sieht allerdings vor, beim Tatbestand der Erpressung den Besitz des Verurteilten einzuziehen.

Sämtliche belastende Informationen im Fall Juri Andrejewitsch Odnatschew, ehemals Chikatilo, entstammen der örtlichen Presse bzw. wurden von Personen bezeugt, die aufgrund des Lebenswegs des Vaters nicht unvoreingenommen sind. Es ist daher keineswegs auszuschließen, daß sich die Umstände, die zur Verurteilung Juris geführt haben, anders verhalten haben als dargestellt. Möglich wäre auch die Version, die sich aus dem Interview mit Juri Odnatschew ergibt.

Bereits 1991 wechselte die Familie Chikatilo den Namen. Der Zusatz Nr. 3 vom 11. 1. 1991 im Registrationsbuch des Standesamtes bezeugt, daß Juri Andrejewitsch Chikatilo, geboren im August 1969, den Geburtsnamen seiner Mutter angenommen hat und sich von nun an amtlich Juri Andrejewitsch Odnatschew nennen darf.

Kurz darauf zog die Familie in die Ukraine, doch bald sollte man in Rostov wieder von Chikatilo hören...

Als die Miliz eine Wohnung in Rostovs Stiller Straße aufbrach, war dort alles voller Blut. Der Inhaber dieser Wohnung befand sich jedoch wegen einer Schlägerei mit seinem Vermieter im Krankenhaus, wo er dann schließlich verhaftet wurde. Eigentlich eine übliche Kriminalgeschichte, wie sie zu dieser Zeit in der ehemaligen Sowjetunion tagtäglich vorkam. Nachdem die Milizionäre den Wohnungsinhaber Odnatschew mit einem Haftbefehl aus dem Krankenhaus auf das Revier gebracht hatten, verschlug es dem Chef der Kriminalpolizei Iwan Worobjewski die Sprache. Wen er hier vor sich hatte, war ganz eindeutig der Sohn des Mannes, den er sechs Jahre zuvor im Winter 1990 verhaftet hatte. „Hallo, Onkel Wanja!", freute sich Juri und blickte Iwan an. Worobjewski hatte sich damals nicht nur aus dienstlichen Gründen sondern vor allem aus Mitleid mit der rechtschaffenden Frau Chikatilo nach der Verhaftung ihres Mannes ein wenig um die Familie gekümmert. Um so entsetzter war er nun, den Jungen vernehmen zu müssen. „Dein Vater wurde hingerichtet und nun kehrst du hierhin zurück, Juri. Was soll das?" Onkel Wanja, wie ihn Juri zu nennen pflegte, durchzog in diesem Augenblick eine dunkle Vorahnung.

Wider dem Ratschlag seiner Mutter und Schwester, zog Juri zurück nach Rostov, raubte angeblich Kioske und Läden aus und verstrickte sich immer mehr in Erpressungsdelikte. Auf seinen Raubzügen stellte er sich den Angestellten diverser Läden als Hauptkassierer des Inhabers vor, zählte die Einnahmen und steckte sie ein. Glaubte man ihm einmal nicht, so zog er seine Geburtsurkunde hervor, wo nun neben dem gestrichenen Namen

Odnatschew stand. Der gestrichene Name war natürlich allen bekannt, und das hatte angeblich seine Wirkung.

„Was ist in deiner Wohnung passiert?", wollte Onkel Wanja wissen. Im weiteren Verlauf der Untersuchungen wurde folgendes behauptet: Der Lkw-Fahrer Alexej erhielt den Auftrag, eine Ladung nach Kursk zu transportieren. In der Nähe von Kamenskoje fiel der alte Motor des Sowjetfabrikats aus, und dem Fahrer blieb nichts anderes übrig, als im naheliegenden Rostov Hilfe zu suchen. Als die Ladung ihren Zielort nicht pünktlich erreicht hatte - Alexej war in Rostov immernoch damit beschäftigt, geeignete Ersatzteile zu beschaffen - hegten die Besitzer der Ladung bereits den Verdacht, daß offenbar ein Betrug arrangiert worden war. Sie stöberten den vermeintlich untreuen Transporteur auf und schlugen ihn auf das Übelste zusammen. Als Alexej wieder zu sich kam, befand er sich bereits in Juris Wohnung, der ihn einige Tage lang quälte, ihn mit dem Messer ritze und seine Rippen brach, die schließlich in die Lunge eindrangen, wobei das Opfer röchelte und Blut spuckte. Auf die Beteuerung des Fahrers, niemals etwas Unredliches geplant zu haben, höhnte Chikatilo Junior: „Schreib mir eine Bescheinigung mit folgendem Wortlaut: An seine Majestät Juri Andrejewitsch, ich, Alexej, verpflichte mich, den veranschlagten Preis der Ladung meines Lkws in Dollar zu bezahlen." Daraufhin soll Juri noch seine Geburtsurkunde hervorgezogen haben und brüllte: „Weißt du eigentlich, wer ich bin? Bereite dich auf das Schrecklichste vor. Du Scheißkerl, lies, wer meine Eltern sind!"

Die Blutspuren stammten also einerseits von dem Fahrer Alexej, andererseits aber von Juri selbst. Hierzu ist folgende Version zu berichten: Juri wurde von seinem

Vermieter dafür geschlagen, daß er dessen zwanzigjährige Freundin vor kurzem vergewaltigt hatte. Ferner nahm ihm der Freund des Mädchens als Vergeltung für die Vergewaltigung seinen BMW ab, mit dem Juri die Strecke Ukraine-Rostov zurückgelegt hatte. Juri war damit überhaupt nicht einverstanden und forderte von der Familie des Vermieters einen Schuldschein in Höhe von 10.000 Dollar als Tausch für den Wagen. Sollte dieser ausbleiben, so drohte er, würde er alle Beteiligten umbringen. Wegen eben dieser Auseinandersetzung befand sich Juri zum Zeitpunkt seiner Verhaftung im Krankenhaus.

Juri saß in einer Isolierzelle, als Mutter und Schwester, die gleich nach seiner Verhaftung von Iwan Worobjewski verständigt worden waren, in Rostov eintrafen.

Juris Schwester hat bereits zwei große Kinder, sie ist eine kluge und vernünftige Frau. Seine Mutter sieht alt und abgezehrt aus. Juri hatte geheiratet, seine Frau Tatjana wußte bis zu diesem Tag nichts von ihrem verstorbenen Schwiegervater. Der gemeinsame Sohn ist inzwischen drei Jahre alt. Tatjana und Juri betrieben einen Lederhandel, wobei Tatjana die Waren aus der Türkei beschaffte und sie in der Ukraine verkaufte. Damit verdienten die beiden relativ viel Geld.

Wissenschaftlich kann nicht belegt werden, inwieweit abnormes Verhalten bei Sexualität und Gewalt auch erblich bedingt sein kann. Die Moskauer Presse hat dazu bezüglich der Familie Chikatilo eine eigene Meinung.

Nach längerer Suche erhielt der Verlag aus Moskau einen Artikel, der neben dem eindeutigen Kommentar des Journalisten S. Wologodsky auch ein Interview mit Juri Odnatschew, ehemals Chikatilo, enthält und nach seiner Verhaftung im 1996 veröffentlicht wurde:

Juri sieht seinem Vater ähnlich. Er ist auch mittelgroß, Nase und Mund sind nahezu identisch, ebenso der finstere, schwere Blick. Nur die permanent gerunzelte Stirn ist noch flacher als die des Vaters. Nun stellt er sich als Opfer der Justiz vor:

Juri Haben sie eine Erlaubnis, mich zu befragen?
SW Natürlich.
Juri Was meinen sie, welche Beziehung zwischen meinem Vater, der etwa zehn Jahre lang nicht mit uns zusammenlebte, und mir besteht? Bin ich ein Schwein, erwarten sie, daß ich mich selbst töte, mich etwa erhänge? Ich habe jetzt keine Familie mehr, kein Geld und auch kein Kind, daß mir und meiner Frau gehört. Bei Ihnen ist ja alles klar, sie fahren nachher nach Hause, sie gehen meine Probleme nichts an, aber was soll ich tun, einen Selbstmord begehen, vielleicht?
SW Es fällt ihnen also schwer, im Gefängnis leben zu müssen?
Juri Ja, mir ist es hier sehr schwer zumute. Ich habe mehrere Klagen an die Behörden geschrieben. Die fünfte liegt noch in der Zelle. Ohne Erfolg.
SW Beklagen sie sich über ihrer Mithäftlinge?
Juri Nein, nicht. Die Bedingungen hier im Gefängnis beklage ich auch nicht. Ich klage nur über die Ungerechtigkeit, die mir wiederfährt. Ich bin zu Unrecht hier. Ich bin nicht schuldig.
SW Wessen wurden sie denn beschuldigt?
Juri Ich wurde der Erpressung von irgendwelchen 10.000 Dollar beschuldigt. Die Freunde haben mich verraten, verstehen sie? Die, die selbst schuld sind.

Sie wollten, daß ich im Gefängnis sitze und haben mich beschuldigt.

SW Und warum haben die das getan?

Juri Warum? Damit ich sie nicht verklagen kann. Sie haben mich zusammengeschlagen, und ich lag damals mit gebrochenem Kopf im Krankenhaus. Nach meiner Entlassung hätte ich sie angezeigt, deshalb haben sie das getan. Das waren ihre Ziele.

SW Wo haben sie zuletzt gearbeitet?

Juri Ich hatte eine eigene Firma in Charkow.

SW Und warum sind sie nach Rostov gekommen?

Juri Ich wollte dort das Institut besuchen, aber ständig zeigten die Studenten auf mich: „Der ist der Sohn von Chikatilo“, verstehen sie? Warum bin ich wegen meines Vater immer schuld?

SW Sie hatten im Laufe von zehn Jahren keinerlei Kontakt zu ihrem Vater?

Juri Ja, genau. Ich wollte nichts von ihm wissen.

SW Wohnten sie getrennt?

Juri Ja. Er wohnte in Schachty, wir in Nowotscherkassk. Und ich bin aus der Ukraine wieder hierher gekommen, um die russische Staatsbürgerschaft zu erlangen. Ich wollte nach Moskau fahren und um politisches Asyl bitten. Weil ich mit meiner Familie so nicht weiterleben kann, verstehen sie? Meine Frau wird angegriffen, man macht ihr Vorwürfe. Und das wird auch meinem Sohn, der jetzt erst 2 1/2 ist, passieren.

Nun denn, die Gefängnisinsassen haben ihm bereits einen „besonderen Empfang“ versprochen...

Das Monster von Florenz

Am Abend des 21. August 1968 traf sich die verheiratete Florentinerin Barbara Locci, 32, mit ihrem aktuellen Liebhaber, dem neunundzwanzigjährigen Antonio Lo Bianco zu einem Schäferstündchen im Auto. Ihren sechsjährigen Sohn Natalino hatte sie an diesem Tage nirgendwo unterbringen können, er saß auf der Rückbank, und Lo Bianco fuhr für eine Weile durch die Straßen von Florenz, bis der Kleine schließlich eingeschlummert war. Dann suchte er ein Plätzchen, an dem sie sich unbeobachtet fühlen durften, Lo Bianco stellte den Motor ab, küßte seine Eroberung mit der ihm eigenen Leidenschaft und öffnete ihr eilig die Bluse. Einen Augenblick später zerbarst die Windschutzscheibe unter mehreren Gewehrschüssen, und die beiden Liebenden waren auf der Stelle tot. Der kleine Natalino aber wurde kurz darauf aufgegriffen, als er um Hilfe schreiend durch die Straßen rannte. Es dauerte nicht lange, und Barbara Loccis Ehemann, der Sardinier Stefano Mele, der, wie sich herausstellte, nicht zum ersten Mal von seiner lebenslustigen Gattin betrogen worden war, wurde unter dringendem Mordverdacht verhaftet, vor Gericht gestellt und zu lebenslanger Haft verurteilt.

Am 17. September 1974 saß ein junges Liebespaar, der neunzehnjährige Pasquale Gentilcore und seine achtzehnjährige Freundin Stefania Pettini, in einem Park am Stadtrand von Florenz im Auto, als durch die Frontscheibe des Wagens mehrere Schüsse auf die Liebenden abgegeben wurden. Eine der Kugeln traf Pasquale mitten ins Herz. Auch Stefania wurde von mehreren Kugeln getroffen, und der Gerichtsmediziner, der die Untersuchung der Ermordeten vornahm, mußte zu seinem Entsetzen feststellen, daß Brüste und Unterleib des Mädchens mit unzähligen, offensichtlich mit einer Art Skalpell vollzogenen, Schnitten fürchterlich zugerichtet worden waren. In ihrer Vagina steckte ein Weinstock.

Am 6. Juni 1981 wurde der dreißigjährige Giovanni Foggi erschossen in seinem Auto aufgefunden. Zwanzig Meter entfernt lag die Leiche seiner einundzwanzigjährigen Freundin Carmelia Di Nuccio. Auch sie war erschossen worden, und anschließend hatte der Mörder ihr mit einem Scalpell die Vagina herausgeschnitten. Die Polizei hatte keinerlei Zweifel, daß es sich um den selben Mörder wie in dem nach wie vor unaufgeklärten Fall von 1974 handelte. Die Untersuchung der Patronenhülsen ergab, daß die Schüsse eindeutig aus dem selben Gewehr abgegeben worden waren. Und als die zuständigen Kriminalisten noch weiter zurückforschten, stellten sie fest, daß auch Barbara Locci und Antonio Lo Bianco zweifelsfrei mit der selben Waffe getötet worden waren. Stefano Mele, der betrogene Ehemann, der als Unschuldiger mittlerweile zwölf Jahre seiner Haft abgesessen hatte, wurde auf freien Fuß gesetzt.

Es sollte nicht lange dauern, bis der unbekannte Mörder wieder zuschlug. Im Oktober 1981 traf es den sechsundzwanzigjährigen Stefano Baldi und seine vierundzwanzigjährige Freundin Susanna Cambi, und im Juni 1982 den zweiundzwanzigjährigen Paolo Mainardi und die zwanzigjährige Antonella Migliorini. Wieder fand die Polizei die gleichen Gewehrkugeln, und auch das Muster der Verbrechen ließ keinerlei Zweifel, daß es sich bei dem Täter um ´il Mostro di Firenze`, daß von den Einheimischen nun so genannte ´Monster von Florenz‘ handelte. Eine Sonderkommission wurde zusammengestellt, die sich rund um die Uhr mit nichts als der Suche nach dem Monster zu beschäftigen hatte, aber es fehlte nach wie vor jede Spur. Immer wieder gingen zwar anonyme Briefe von Bürgern bei der Kommission ein, die meinten, diesen oder jenen Bürger der Stadt der Taten bezichtigen zu müssen, aber die Nachforschungen verliefen alle im Sande. Am 3. Juli 1982 fand der Fall ein weiteres Opfer, ohne daß der Mörder selbst daran beteiligt war. Es waren Gerüchte aufgekommen, wonach es sich bei dem gesuchten ´Monster` um den Besitzer eines Cafés in der Nähe von Pistoia handele. Als sich der arme Mann, Giuseppe Filippi mit Namen, schließlich kaum noch auf die Straße trauen konnte, ohne daß mit dem Finger auf ihn gezeigt oder über ihn getuschelt wurde, zog er sich in einem Anfall schwerer Depressionen auf sein Zimmer zurück und nahm sich das Leben, indem er sich selbst die Gurgel durchschnitt. Einen irgendwie fundierten Verdachtsmoment gegen ihn hatte es nie gegeben.

Im September des gleichen Jahres rückte der unheimliche Serienmörder, der es aus unerfindlichen Gründen einzig und allein auf junge Liebespaare abgesehen zu haben schien, verstärkt ins Bewußtsein der deutschen Öffentlichkeit. Zwei Touristen, die homosexuellen Horst Meyer und Uwe Rusch, hatten sich im nahegelegenen Dörfchen Vicchio in ihr Wohnmobil zurückgezogen, um Zärtlichkeiten auszutauschen, als sie vom Mörder überfallen wurden und im Kugelhagel den Tod fanden. Die Polizei ging davon aus, daß der gesuchte Killer einem Irrtum aufgesessen war und die Beiden, von denen einer das Haar lang trug, für ein heterosexuelles Liebespaar gehalten hatte. Für ihre Theorie sprach auch, daß der Täter diesmal auf die grausamen Rituale mit dem Scalpell verzichtet hatte.

Am 29. Juli 1984 wurden der einundzwanzigjährige Claudio Stefannaci und seine achtzehnjährige Freundin Pia Rontini beim Liebesspiel im Auto überrascht und erschossen. Das Mädchen war aus dem Wagen geschleift worden, neben der herausgeschnittenen Vagina hatte der Mörder ihr auch die linke Brust abgetrennt. Und in der Nacht zum 9.September wurde das französische Touristenpärchen Jean-Michel Kraveichvili, 25, und Nadine Mauriot, 36, die ihr Zelt in einem Olivenhain in Scopeti aufgeschlagen hatten, im Schlaf überrascht und erschossen. Und wieder hatte der Mörder der Frau die linke Brust abgeschnitten. Am Tatort wurde eine Fußspur der Schuhgröße 44 gefunden, und als die Polizei kurz darauf wieder ein anonymes Schreiben erreichte, das den eher kleinwüchsigen Florentinischen Bauern Pietro Pacciani der Taten beschuldigte, schenkten die Beamten dem Hinweis keine weitere Beachtung.

Kurz darauf aber erhielt die Sonderkommission Post vom Täter selbst. Der Umschlag enthielt drei Gewehrkugeln des vom Monster ausschließlich verwendeten Typs. Und als schließlich die örtliche Friedensrichterin Sylvia della Monica ein Stückchen Haut zugeschickt bekam, dessen Untersuchung eindeutig ergeben sollte, daß es sich um ein Stück der Brust eines der letzten Opfer handelte, wurde sie unter Polizeischutz gestellt.

Als die Sonderkommission auch ein Jahr später noch immer keinerlei Erfolge vorzuweisen hatte, wandte sich das italienische Justizministerium an einen der führenden Kriminalisten des Landes, Ruggiero Perugini, der zu dieser Zeit einer Tätigkeit am FBI-Institut zur Analyse von Gewaltverbrechen in Virginia nachging. Perugini war mit den modernsten Methoden der Kriminalistik bestens vertraut. Mit Hilfe von mit Statistiken gefütterten Computern ließ er nun ein psychologisches Profil des unbekannten Täters erstellen.

Anschließend wandte er sich über das Fernsehen an den Täter selbst, sprach direkt in die Kamera und forderte den Gesuchten auf, sich zu stellen, ihm könne geholfen werden, die Kontrolle über seine schrecklichen Phantasien zurückzugewinnen. „Wir erwarten Sie," schloß er hoffnungsvoll, aber eine Reaktion des Mörders blieb aus. Als nächstes gab Perugini sämtliche während der vergangenen Jahre bei der Polizei eingegangenen anonymen Briefe in den Computer ein. Die Tausenden von Namen verdächtigter Personen rechnete die Maschine aufgrund von Alibis und Persönlichkeitsprofilen auf einige hundert herunter, reduzierte sie weiter auf diejenigen, die wegen sexueller Vergehen vorbestraft waren, und verwies Perugini schließlich auf eine einzige verbliebene Person. Der bereits erwähnte Bauer Pietro Pacciani kannte sämtliche Tatorte, war mehrmals in den betreffenden Gegenden gesehen worden und war bereits zweimal wegen sexueller Straftaten verurteilt worden. Nachdem Perugini auch noch aufgefallen war, daß es nur zu den Morden gekommen war, wenn Pacciani auf freiem Fuß war, die Serie aber abbrach, wenn er einsaß, ließ er Pacciani auf der Stelle verhaften.

Pietro Pacciani wurde am 7. Januar 1925 geboren. Ein primitiver Landarbeiter ohne wirkliche Schulbildung und mit großen Schwierigkeiten, sich zu artikulieren. Im Alter von sechsundzwanzig Jahren mußte er mitansehen, wie seine Verlobte, die sechzehnjährige Miranda Bugli einem etwa vierzigjährigen Mann namens Severino Bonini in ein Waldstück folgte. Er schlich den beiden hinterher, beobachtete, wie Bonini das Mädchen zu verführen versuchte und diese sich schließlich bereitwillig ihre linke Brust entblößen ließ. Vom Schmerz der Eifersucht wie von Sinnen, rannte Pacciani auf die beiden zu, stach mit einem Messer etwa zwanzig Mal auf seinen Nebenbuhler ein und zwang Miranda anschließend, sich ihm neben Boninis Leiche hinzugeben. Pacciani wurde wegen Totschlags zu zweiundzwanzig Jahren Gefängnis verurteilt und war im Jahre 1964, nachdem er dreizehn Jahre seiner Strafe verbüßt hatte, wieder in die Freiheit entlassen worden. Er heiratete ein Mädchen namens Angeolina Manni, von der es hieß, Pacciani habe sie einer Truppe Zigeunern abgekauft. Ein Gerücht, mit dem sich die Leute zu erklären versuchten, wie eine Frau die Ehe hatte eingehen können mit diesem gewalttätigen Mann, der sie behandelte wie ein Stück Dreck. Dem seltsamen Paar wurden zwei Töchter geboren, und sobald sie die Geschlechtsreife erlangt hatten, warf Pacciani seine Frau aus dem Ehebett und erzwang sich unter Schlägen und Drohungen die sexuelle Hingabe seiner eigenen Kinder. Schließlich brachten die Mädchen den Mut auf, ihren Vater anzuzeigen, und Pacciani wurde im Jahre 1987 wegen der wiederholten Vergewaltigung seiner Töchter zu einer vierjährigen Haftstrafe verurteilt, die er diesmal vollständig abzusitzen hatte.

Nachdem Perugini den verdächtigen Mann verhaftet hatte, ließ er zunächst sein Haus durchsuchen. Eine Gewehrpatrone, die der Tatwaffe entsprach, wurde von Perugini persönlich gefunden, dazu entdeckten die Beamten ein Note-Book sowie etliche pornographische Zeichnungen, in denen Brüste und Geschlechtsteile besonders hervorgehoben worden waren. Die Beamten forschten nach der Herkunft des Note-Books, und es gelang ihnen schließlich, seine Spur bis in ein Geschäft in der deutschen Stadt Münster zurückzuverfolgen, wo eine Verkäuferin zweifelsfrei bestätigte, ein Modell dieses Typs an den ermordeten Horst Meyer verkauft zu haben. Pacciani aber wies jede Schuld weit von sich. Er behauptete, Perugini selbst habe die Gewehrkugel auf seinem Grundstück deponiert, und sein Strafverteidiger, Signor Fioravanti, griff diese These nur allzu gerne auf. Und auch wenn Pacciani laut eines psychologischen Gutachtens eine zwanghafte Aversion gegen linke, entblößte Frauenbrüste hegte, die auf das geschilderte Erlebnis mit seiner Verlobten zurückzuführen sei, so war Perugini, der von Paccianis Schuld überzeugt war, doch bewußt, daß es ihm noch immer nicht gelungen war, wirklich erdrückende Beweismittel zusammenzutragen.

Am 19. April 1994 wurde die Verhandlung gegen Pietro Pacciani vor dem Gericht von Florenz eröffnet, und obgleich Staatsanwalt Canessa außer seinen wiederholten Tiraden, in denen er Pacciani als durch und durch gewalttätigen Menschen mit bestialischen Instinkten bezeichnete, keine wirklichen Beweise oder gar Tatzeugen vorzuweisen hatte, wurde Pietro Pacciani, nachdem sich die Geschworenen für drei volle Tage zur Beratung zurückgezogen hatten, am 1. November 1994 schuldig gesprochen und zu vierzehnfacher lebenslänglicher Haft verurteilt.

Jack The Stripper

Zu Beginn der 60er Jahre hielt eine Serie brutaler Morde an Prostituierten die Bevölkerung von London in Atem und versetzte die Damen des ältesten Gewerbes in Angst und Schrecken. Kaum ein Tag verging, an dem die Boulevardpresse nicht mit wilden Spekulationen über den unbekannten Killer ihre Auflage in die Höhe trieb, eine der größten Polizeiaktionen in der Geschichte Großbritanniens aber sollte für lange Zeit erfolglos bleiben.

Das Grauen begann im Februar 1964, als ein Spaziergänger die Hammersmith Brücke überquerte und unter sich im Wasser der Themse die unbekleidete Leiche der dreißigjährigen Prostituierten Hanna Tailford entdeckte. Ihr Genick war gebrochen, den Slip hatte ihr der Mörder in den Mund gestopft. Wie die medizinische Untersuchung des Leichnams ergab, war sie zum Zeitpunkt ihrer Ermordung schwanger gewesen.

Am 18. April des gleichen Jahres wurde ganz in der Nähe, am Fuße der Barnes Bridge in Duke's Meadows, der nackte Körper der sechsundzwanzigjährigen Prostituierten Irene Lockwood gefunden. Sie war erwürgt worden, und auch sie war seit einigen Monaten schwanger gewesen. Kurze Zeit darauf schien der Fall gelöst zu sein. Ein vierundfünfzigjähriger Hausmeister aus Kensington namens Kenneth Archibald meldete sich bei der Polizei und gab an, der Mörder der beiden Frauen zu sein. Sein Geständnis erschien zunächst durchaus glaubwürdig, wußte er doch über einige persönliche Daten der Irene Lockwood zu berichten, aber noch während er in Untersuchungshaft saß, wurde im Osterley Park von Brentford

Berrymede Road

die wiederum unbekleidete Leiche der zweiundzwanzigjährigen Stripteasetänzerin und Prostituierten Helen Barthelemy gefunden. Der untersuchende Arzt entdeckte Sperma in ihrem Mund und schloß daraus, daß die junge Frau am Penis ihres Mörders erstickt sein mußte. Außerdem hatte ihr der Täter die Schneidezähne herausgebrochen, vermutlich um nach ihrem Ableben die orale Vergewaltigung unbeschadet wiederholen zu können. Einige Farbspuren auf ihrer Haut erwiesen sich als frischer Autolack, und da Helen bereits seit mehreren Tagen als vermißt galt, stellte die Mordkommission erste Vermutungen darüber an, ob ihr Leichnam womöglich für eine Weile in einer Lackierei oder einem mit den entsprechenden Farben handelnden Geschäft versteckt worden war, bevor der Mörder ihn schließlich in die Themse geworfen hatte. Kenneth Archibald aber wurde nun von der Polizei noch einmal intensiv verhört, verhedderte sich dabei in arge Widersprüche, und schon bald war eindeutig erwiesen, daß der verwirrte Mann sein Geständnis komplett erfunden hatte. Scotland Yard verstärkte seine Bemühungen, den wahren Täter zu finden. Ein gewaltiges Polizeiaufgebot patroullierte nun Tag und Nacht am Ufer der Themse und observierte in der Umgebung von Notting Hill und Shepherds Bush, in der alle drei ermordeten Frauen entdeckt worden waren, etliche Geschäfte, in denen es Autofarben vom gefundenen Typ zu kaufen gab. Jack The Stripper aber, wie die Zeitungen den unbekannten Frauenmörder inzwischen nannten, mordete weiter. Am frühen Morgen des 15. Juli befand sich ein junger Motorradfahrer auf dem Weg zu seinem Arbeitsplatz in Acton und fuhr wie jeden Werktag nichtsahnend die Berrymede Road hinunter, als wenige Meter von ihm

Zeugin Lilian Buckland vor der Garage am Ende der Berrymede Road, hinter der die Leiche von Mary Flaming gefunden wurde.

entfernt ein LKW aus einer Garage herausgeschossen kam und rücksichtslos seinen Weg kreuzte. Der junge Mann rettete sein Leben mit einer Vollbremsung und rief gleich darauf die Polizei an, um den Vorfall zu melden. Die herbeigerufenen Beamten inspizierten die Garage, in der Hoffnung, eventuell auf die Herkunft des LKW-Fahrers schließen zu können und entdeckten hinter dem Gebäude die zusammengekrümmte Leiche der dreißigjährigen Mary Flaming. Wie sich herausstellte, war sie wenige Tage zuvor als vermißt gemeldet worden. Wieder fanden sich Spuren von Sperma in ihrem Mund. Ihr künstliches Gebiß war verschwunden, und auf ihrer Haut entdeckte der untersuchende Mediziner einige Partikel des schon auf Helen Barthelemys Leichnam gefundenen Autosprays. Keine Frage, der Stripper hatte wieder zugeschlagen. Aber die Annahme, daß er einen LKW fuhr und beruflich mit Autolacken zu tun hatte, brachte die Polizei noch immer keinen entscheidenden Schritt weiter. Der Druck, den die empörte Öffentlichkeit auf die ermittelnden Beamten ausübte, wurde immer größer. Am 25. November entdeckten Passanten in der Hornton Street in Kensington die unbekleidete, sich bereits im Zustand der fortgeschrittenen Verwesung befindende Leiche der seit mehr als vier Wochen als vermißt geltenden Schottin Margaret McGowan. Wieder fanden sich Spuren der gleichen Art Autofarbe auf der Haut. Aber erst mit dem Fund des nächsten Opfers, der achtundzwanzigjährigen Prostituierten Bridie O'Hara, schien sich der Kreis um den Mörder endlich zu schließen. Auch ihr waren mehrere Zähne herausgebrochen worden, auch bei ihr fanden sich Spuren von Sperma im Hals. Die junge Frau war zuletzt am 11. Januar gesehen worden, als sie das Shepherds Bush Hotel ver-

George wurde 1964 von der Polizei als verdächtige Person verhört, da er in einem nahegelegenen Hinterhof an der Berrymede Road mit einem speziellen Lack, wie er auf der Haut einiger Opfer entdeckt wurde, gewerblich Heiß- und Kaltgeräte besprühte. Es bestand jedoch keine Verbindung.

ließ. Ihr nahezu mumifizierter Leichnam ließ darauf schließen, daß er zunächst für einige Tage in einem gekühlten Raum versteckt worden war, bevor ihn der Mörder zum Fundort, einem Gebüsch auf dem weitläufigen Gelände des Heron Trading Estate in Acton, transportiert hatte. Zwischen den unterschiedlichsten Gewerbebetrieben und einer riesigen Ansammlung von Lagerhäusern gab es hier auch einen Handel für Autolacke. Der Leiter der zuständigen Mordkommission, Detective Chief Superintendent John DuRose, ordnete unverzüglich eine chemische Untersuchung der dort verkauften Farben an. Das Ergebnis belegte zweifelsfrei, daß es sich um exakt die Art von Produkten handelte, die auf der Haut mehrerer Leichen gefunden worden waren. Nun war das gekühlte Lager des Geschäfts aber tagsüber unverschlossen, jeder der auf dem Gelände Beschäftigten konnte sich Zutritt verschafft haben, und von denen gab es hier mehrere hundert. Die wochenlang andauernden Verhöre sämtlicher Arbeiter führten zu keinerlei Ergebnis. Detective John DuRose beschloß, einen, wie er selbst es später nennen sollte, Nervenkrieg gegen den unbekannten Killer zu inszenieren. Seine Beamten schlossen einen dichten kreisförmigen Riegel um das Fabrikgelände, kontrollierten jedes einzelne Fahrzeug und jeden einzelnen Fußgänger. Wenn jemand keinen plausiblen Grund für seine Anwesenheit vorzuweisen hatte, wurde er auf der Stelle zum Verhör geladen. Daneben ließ DuRose immer wieder gefälschte Meldungen in Presse, Rundfunk und Fernsehen plazieren, aus denen der Gesuchte ablesen sollte, daß man ihm nun endlich auf der Spur sei, und er nun jeden Moment mit seiner Verhaftung zu rechnen habe. Als auch nach mehreren Monaten keine weiteren, nach dem Muster des Strippers ermordete Frauen mehr gefunden worden waren, hoffte Du Rose, mit seiner Strategie zumindest einen Teilerfolg verbuchen zu können. Andererseits aber ließ er jeden seit dem 16. Februar Inhaftierten, jeden einzelnen ins Krankenhaus eingelieferten Mann mit einem Vorstrafen und jeden männlichen Selbstmordfall überprüfen, um jeder nur möglichen Erklärung für das Ende der unheimlichen Mordserie nachzugehen. Schließlich hatte er eine Liste mit etwa zwanzig verdächtigen Personen vor sich liegen. In unermüdlicher Kleinarbeit hatte er die Liste auf drei verbliebene Namen reduziert, als ihn die Meldung erreichte, daß sich einer der drei Männer das Leben genommen hatte. Bei der Leiche wurde ein Zettel gefunden, in der er seinen Freitod damit begründete, er könne die Last nicht länger ertragen. Wie DuRoses weitere Nachforschungen ergaben, hatte der Mann einen LKW besessen sowie als Angestellter einer Wachschutzfirma jederzeit Zugang zum Gelände des Heron Trading Estate gehabt. Ob es sich bei dem unverheirateten Mann aber tatsächlich um den gesuchten sechsfachen Prostituiertenmörder handelte, wird wohl ein für immer ungeklärtes Rätsel bleiben.

Verlangen nach Aufmerksamkeit

„Ihr mögt mich für einen Niemand halten, aber da ist weit mehr an mir, als ihr euch überhaupt vorstellen könnt. In Wahrheit bin ich hochgefährlich.“

(Beverley Allitt nach ihrer Verhaftung)

Beverley Allitt war äußerst beliebt in dem kleinen Krankenhaus des in Mittelengland gelegenen Städtchens Grantham. Die dreiundzwanzig Jahre alte gelernte Kinderkrankenschwester hatte sich im Februar 1991 auf eine Stellenofferte des Hospitals hin gemeldet. Da sie die einzige war, die sich um die ausgeschriebene Stelle bewarb, und Personal dringend gebraucht wurde, stellte man sie nach einem kurzen Gespräch für zunächst sechs Monate auf Probe ein, ohne ihren Zeugnissen oder persönlichen Unterlagen weitere Beachtung zu schenken. Sie erwies sich als sanftmütig und geduldig im Umgang mit den kleinen Patienten, war stets hilfsbereit, und keiner ihrer Kollegen wäre jemals auf den Gedanken gekommen, daß die freundliche junge Frau für eine Serie rätselhafter Todesfälle verantwortlich war.

Kurz nach ihrer Einstellung am 23. Februar 1991 wurde der sieben Wochen alte Liam Taylor mit einer fiebrigen Erkältung auf ihrer Station eingeliefert. Innerhalb der folgenden vierundzwanzig Stunden verschlechterte sich sein Zustand rapide, und die Eltern, die besorgt an seinem Krankenbett ausharrten, mußten schließlich mitansehen, wie das Baby trotz aller Bemühungen des Arztes an Herzversagen starb. Auch eine nachträgliche Untersuchung des Körpers, die eindeutig ergab, daß sein Herz

In diesem Gebäude befindet sich die Kinder- und Entbindungsstation des Granthamer Krankenhauses

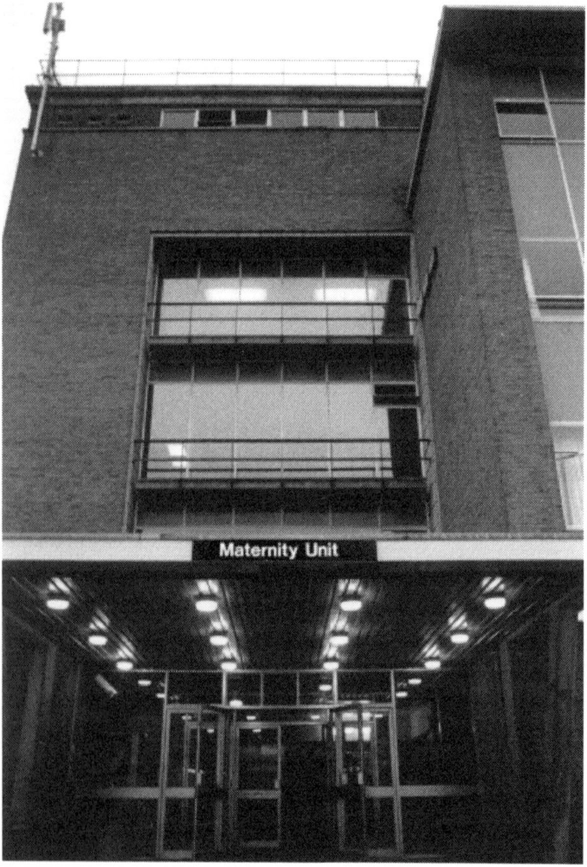

in einem Zustand war, wie man ihn sonst nur gelegentlich bei erwachsenen, einen ungesunden Lebenswandel pflegenden Menschen vorfindet, lies zunächst nicht den Verdacht aufkommen, daß Liam eines unnatürlichen Todes gestorben sein könnte.

Zehn Tage später wurde der 11jährige Tim Hardwick ins Krankenhaus von Grantham gebracht. Er hatte zum wiederholten Mal einen epileptischen Anfall erlitten, und als er kurz darauf an einer Herzattacke verstarb, gaben sich die Ärzte damit zufrieden, den Tod mit seiner Krankheit zu erklären, auch wenn der letzte Anfall zum Zeitpunkt seines Todes schon mehrere Stunden zurücklag.

Kurz darauf erlitt der fünfzehn Monate alte Carley Desmond nach einer Routineuntersuchung im Grantham Hospital einen Herzanfall. Er wurde eilig ins Queens Medical Centre von Nottingham überwiesen und war nach kürzester Zeit wieder vollkommen hergestellt.

Ende März sank der Blutzuckerspiegel des fünf Monate alten Granthamer Patienten Paul Crampton über Nacht so stark ab, daß er mehrmals das Bewußtsein verlor. Die Ärzte konnten sich seinen Zustand nicht erklären und schickten eine Blutprobe Pauls zur Universität von Wales, in der Hoffnung, eine genaue Analyse könne Aufschluß über die rätselhafte Krankheit geben. Es sollte unerklärlicher Weise mehr als zwei Wochen dauern, bis das Ergebnis der Analyse in Grantham eintraf. Die Tatsache, daß man in Paul Cramtons Blut einen abnorm hohen Insulinspiegel festgestellt hatte, hätte wohl auch in der so friedlichen, von Kriminalität kaum betroffenen Gemeinde von Grantham irgendjemanden stutzig machen müssen. So aber machte sich auch niemand besondere

Wir bewegen uns unbeobachtet auf die Kinderstation zu...

Gedanken, als nur einen Tag nach Paul Gramptons Einlieferung der fünfjährige Patient Bradley Gibson einen heftigen Erstickungsanfall erlitt. Er wurde gerettet, zur weiteren Beobachtung ins Queens Medical Centre verlegt und bald als geheilt entlassen. Die zuständigen Mediziner in Nottingham vermuteten, dem Kleinen sei aus Versehen ein falsches Medikament verabreicht worden. Sie ließen die Angelegenheit wohl aus kollegialer Solidarität auf sich beruhen.

Einige Tage später wurde die drei Monate alte Becky Philips wegen starker Atembeschwerden ins Grantham Hospital eingeliefert, wo sie untersucht, behandelt und am nächsten Tag wieder entlassen wurde. In der folgenden Nacht aber verschlimmerte sich ihr Zustand erneut. Sie fiel in ein Koma, und ihre Eltern brachten die Kleine in Panik zurück ins Krankenhaus, wo sie trotz aller Wiederbelebungsversuche in den Armen der Beverley Allitt verstarb. Am nächsten Tag brachten die Eheleute Philips ihre Tochter Kate, die Zwillingsschwester Beckys, ins Krankenhaus, um sie prophylaktisch untersuchen zu lassen und so einer weiteren Katastrophe vorzubeugen. Zunächst für absolut gesund erklärt, wurde sie nach einigen Stunden Krankenhausaufenthalt plötzlich von Erstickungsanfällen heimgesucht, bis ihr kleines Herz schließlich aussetzte. Alle Wiederbelebungsversuche der Ärzte waren vergeblich. Den restlos verzweifelten Eltern wurde mitgeteilt, daß auch ihr zweites Kind verstorben war. Nach annähernd vierzig Minuten aber begann Kates Herz wieder zu schlagen, und das Mädchen war gerettet. Aufgrund der zu lange unterbrochenen Sauerstoffzufuhr trug Kate einen bleibenden Gehirnschaden davon. Die Eltern aber, die davon überzeugt waren, daß Beverley Allitt, die

Leere Gänge. In Deutschland sind die Krankenhäuser zumeist nicht besser gesichert. Wehrlose Patienten wären den Anschlägen bösartiger Menschen hilflos ausgeliefert...

sich bis zuletzt weiter intensiv um Kate bemüht hatte, für die Rettung der geliebten Tochter verantwortlich war, luden die engagierte Krankenschwester von nun an regelmäßig zu sich nach Hause ein, wo Beverley sich mit der Familie anfreundete und ausgedehnte Spaziergänge mit der kleinen Kate unternahm.

Als am 12. April endlich die Analyse von Paul Cramtons Blut eintraf, konnten sich die Verantwortlichen des Granthams Hospital den stark erhöhten Insulinspiegel nur durch eine Injektion erklären. Daß aber einer ihrer Kollegen dazu fähig sein sollte, hielten sie weiterhin für vollkommen ausgeschlosssen. Die einzige Konsequenz, nämlich die Sicherheitsvorkehrungen zu verstärken, beruhte auf der Spekulation, es könne sich jemand ins Haus geschlichen habe. Wenige Tage später geriet der Patient Christopher King in Folge von heftigen Erstickungsanfällen in Lebensgefahr. Auch er wurde daraufhin ins Queens Medical Centre von Nottingham überführt, wo er sich schnell wieder erholte. Es bedurfte zweier weiterer unerklärlicher Erstickungsanfälle und schließlich des Todes der fünfzehn Monate alten Clare Peck, bei der die Ärzte einen stark überhöhten Potassiumspiegel feststellten und erneut davon ausgehen mußten, daß irgend jemand tödliche Injektionen verabreichte, bis sie sich endlich an die Polizei wandten. Den Beamten fiel sehr schnell zweierlei auf: Zum einen waren aus der Krankenakte des Paul Crampton mehrere Seiten herausgetrennt worden, zum anderen war es immer nur dann bei den Kindern zu den mysteriösen Anfällen gekommen, wenn Schwester Beverley Allitt im Dienst gewesen war. Ihr Zimmer wurde durchsucht, die verschwundenen Unterlagen bei ihr gefunden. Beverley Allitt wurde verhaftet und im November 1991 wegen vierfachen Mordes, achtfachen versuchten Mordes und zehnfacher schwerer Körperverletzung angeklagt. Sie hatte den Kindern entweder Insulin oder Potassium verabreicht oder aber sie mit einem Kissen erstickt, beziehungsweise zu ersticken versucht.

Erst nach ihrer Verhaftung war auch ihr bisheriger Werdegang wirklich beleuchtet worden. So hatte Beverley Allitt schon im Alter von dreizehn Jahren ein auffallend grausames Verhalten gegenüber kleineren Kindern gezeigt. Ihre eigene Krankenakte belegte, daß ihr schon vor Jahren eine schwere mentale Störung attestiert worden war. Ein Gefängnispsychiater sollte später im Zusammenhang mit Beverley Allitt von ihrem krankhaft übersteigerten, nie wirklich zufriedengestellten Verlangen nach Aufmerksamkeit sprechen, von ihrem daraus resultierenden chronischen Unterlegenheitsgefühl, das sie zu kompensieren versuchte, indem sie ihre Überlegenheit gegenüber anderen auf ihre ganz eigene Art zu beweisen versuchte. So wurde sie schließlich zur mehrfachen Kindermörderin.

Beverley Allitt wurde am 28. Mai 1993, nachdem der Prozeß wegen eines schweren Nervenleidens der Angeklagten immer wieder für lange Zeit unterbrochen worden war, in allen Anklagepunkten schuldig gesprochen und zu lebenslanger Haft verurteilt.

Interview mit Sandra Mills, der Inhaberin der Pensionskneipe „Five Bells“ und der Kellnerin Adele Spicker am Sonntag, 24.08.1997 in Grantham:

J.H. Sandra, was kannst du mir denn über Beverly Allitt erzählen, erinnerst du dich?
S.M. Oh Gott, ja natürlich! Sie kam des öfteren hierher mit ´ner Freundin, eine Kollegin aus dem Krankenhaus. Und die Beiden haben immer ein kleines Lagerbier getrunken.
A.S. Die war doch ´ne Lesbe, oder?
J.H. Woher weißt du das so genau?
S.M. Naja, ich hatte auch das Gefühl, ich meine, ihre Kollegin und sie, die beiden, die hier immer reingeschaut haben, die waren in Wirklichkeit ein Paar und nicht nur gute Freunde.
A.S. Nun, das konnte doch offensichtlicher gar nicht mehr sein, oder?
J.H. Haben sie denn hier einmal übernachtet?
S.M. Nein.
A.S. Doch, natürlich, sogar in dem Zimmer, das du heute hast.
S.M. Adele, ich bitte dich... Naja, das Thema ist in dieser Kleinstadt doch schon vorsichtig anzugehen. Es waren halt hauptsächlich Leute von hier, die betroffen sind, nicht wahr?
J.H. Kennst du welche?
S.M. Oh ja, der eine Elston-Zwilling zum Beispiel. Nach einem Anschlag von Beverly Allitt ist der jetzt geistig und körperlich eingeschränkt.
A.S. Wie, Mrs. Elstons Kind? Das wußte ich ja noch gar nicht!
S.M. Doch, und da sie eben Zwillinge hat, kannst du das Resultat bei dem einen im Vergleich zum anderen ganz klar sehen, leider.

J.H. Wie war Beverly Allitt denn so?

S.M. Ich mochte sie nicht besonders. Sie wirkte so unpersönlich, nicht gerade freundlich, kalt irgendwie.

A.S. Sag mal Sandra, da ist doch noch diese andere Sache in deinem Heimatort passiert?

S.M. Ach, Mary Bell meinst du, oder? Ja, sag mal, hast du diesen Fall auch in deinem Plan?

J.H. Nein, Mary Bell kenne ich nicht.

S.M. In New Castle, da wo ich herkomme, lebte vor einiger Zeit ein neunjähriges Mädchen, das jüngere Spielkameraden bestialisch ermordet hat. Hast du noch nichts davon gehört?

A.S. Die ist aber schon wieder auf freiem Fuß, oder?

S.M. Ach, die Mary Bell ist schon ganz lange wieder da, die hat jetzt ja auch schon Familie und alles...

J.H. Nein, ich habe noch nichts davon gehört.

S.M. Die Sache ist aber ganz interessant: Stell dir vor, ein neunjährigs Mädchen überredet fünfjährige Kinder, sich auf einen Stuhl zu stellen und die vom Dachbalken herunterbaumelnde Schlinge um den Hals zu legen...

A.S. Und im nächsten Augenblick tritt Mary Bell den Stuhl weg.

S.M. Die hat das ja sicherlich nicht böse gemeint, wollte nur mal wissen, was passiert.

A.S. Unvorstellbar, oder?

S.M. Sag mal, macht ihr auch den Moormörderfall?

J.H. Ja, morgen und übermorgen.

S.M. Dann müßt ihr doch sowieso nach Durham, der Knast, in dem Hindley sitzt, oder hattet ihr das nicht vor?

J.H. Doch.

S.M. Na, Mensch, dann fahrt doch noch die paar Meilen nach New Castle hoch, das wäre doch noch ´ne gute Geschichte in deinem Buch!

J.H. Wir haben definitiv zu wenig Zeit mitgebracht, leider...

Die rote Spinne

Den ersten Brief erhielt Marian Starzynski am 4. Juli 1964. Der Redakteur der Warschauer Tageszeitung *Przeglad Polityczny* sah aus dem Fenster seines Büros und beobachtete die Vorbereitungen für die Feierlichkeiten, die am 22. Juli aus Anlaß der zwanzig Jahre zurückliegenden Befreiung durch die russische Armee in eine große Truppenparade münden sollten. Schließlich wandte er sich wieder seinem Schreibtisch zu, um die tägliche Post zu sortieren, als ein anonymes, in ungelenker roter Handschrift verfaßtes Schreiben seine ganze Aufmerksamkeit auf sich zog. „Es gibt kein Glück ohne Tränen, kein Leben ohne Tod. Sieh Dich vor! Ich werde Dich zum Weinen bringen", lautete der Text, und Starzynski hatte jeden Grund zu der Annahme, daß er persönlich es war, der hier bedroht wurde. Nach einer Rücksprache mit den Arbeitskollegen, die ihm dringend rieten, die Angelegenheit nicht auf die leichte Schulter zu nehmen, ging Starzynski zur Polizei und beantragte Personenschutz.

Am Festtag, dem 22. Juli, warteten die Eltern des 17jährigen Schulmädchens Danka Maciejowitz in der nordpolnischen Stadt Olsztyn vergeblich darauf, daß ihre Tochter von den Feierlichkeiten nach Hause zurückkehren würde. Gegen Mittag des folgenden Tages fand ein Gärtner im Gebüsch des Olsztyner ´Park der polnischen Helden` ihren nackten Leichnam. Ihr Unterleib war von unzähligen Messerstichen fürchterlich zugerichtet, und wie der Polizeiarzt feststellen sollte, war das Mädchen vergewaltigt worden. Und wiederum einen Tag später tauchte der zweite anonyme, in krakeliger roter Handschrift verfaßte Brief auf. Diesmal war er an die Redaktion der Warschauer Zeitung *Kulisy* gerichtet, und sein Inhalt lautete: „Ich pflückte eine Blume in Olsztyn, und ich werde es irgendwo anders wieder tun, denn es gibt keine Ferien ohne Beerdigung.“ Eine chemische Analyse der roten ´Tinte` ergab, daß es sich dabei um eine verbreitete Künstlerfarbe handelte.

Der nächste Brief der ´Roten Spinne`, wie der Unbekannte aufgrund seiner Schrift bald genannt wurde, ging am 18. Januar direkt an die Polizei von Warschau und teilte den Beamten mit, wo die Leiche der sechzehnjährigen Aniuta Kaliniak zu finden sei. Das Mädchen war am Tag zuvor als vermißt gemeldet worden. Die aussergewöhnlich hübsche Schülerin war von einem örtlichen Festtagskomitee auserwählt worden, aus Anlaß der an diesem Tage anstehenden Feierlichkeiten einen Umzug anzuführen. Gegen Morgen hatte sie die Wohnung ihrer Eltern in Praga, einem Warschauer Vorort, verlassen und war zuletzt von Passanten dabei beobachtet worden, wie sie an einer Brücke über der Weichsel gestanden und versucht hatte, per Autostop in die Innenstadt zu gelangen.

Die Polizei fand ihre Leiche ganz in der Nähe der elterlichen Wohnung im Keller einer lederverarbeitenden Fabrik. Sie war vergewaltigt worden, und in ihrer Vagina steckte ein zehn Zentimeter langer Nagel.

Als am 1. November, dem christlichen Festtag Allerheiligen, das nächste Opfer der ´Roten Spinne` gefunden wurde, gab es kaum einen Zweifel mehr, daß der Mörder, aus welchem Grund auch immer, beschlossen hatte, nur an Festtagen sein Unwesen zu treiben. Janka Popielski, eine junge Hotelangestellte, war in der Stadt Poznan, zweihundert Kilometer westlich von Warschau, auf dem Weg zu ihrem Freund. Als sie vor dem an diesem Feiertag wie ausgestorben daliegenden Güterbahnhof vorbeikam, schlich sich der unbekannte Mörder von hinten an sie heran, betäubte sie mit einem mit Chloroform getränkten Taschentuch, zerrte sie anschließend hinter einen Stapel Paletten, zog sie aus, vergewaltigte sie, erstach sie mit einem Schraubenzieher und ließ die Leiche in einer Kiste zurück, in der sie kurz darauf von einem Spaziergänger entdeckt wurde. Die Polizeibehörden, die den Medien strengstens untersagten, über Einzelheiten der unvorstellbaren Grausamkeiten zu berichten, errichteten Straßensperren und ließen Busse und Züge kontrollieren, auf der Suche nach einem Mann mit blutverschmierter Kleidung. Am folgenden Tag aber ging bei der Redaktion der lokalen Tageszeitung Courier Zachodni der nächste Brief der 'Roten Spinne` ein. Diesmal zitierte der Absender aus dem bekannten nationalen Epos ´Popioli` von Stefan Zeromsky und schrieb: „Nur die Tränen der Trauer spülen den Makel der Schande hinfort, nur der Schmerz des Leidens löscht die Feuer der Begierde."

Am 1. Mai 1966 fand der Vater der siebzehnjährigen Marysia Galazka seine ermordete Tochter in einem Schuppen hinter seinem Haus in Zoliborz, einem Vorort im Norden von Warschau. Wie die ärztliche Untersuchung ergab, war sie vergewaltigt worden. Anschließend hatte ihr der Mörder die Eingeweide herausgeschnitten.

Bis gegen Ende des Jahres zählte Major Ciznek, der Leiter der Warschauer Mordkommission, weitere zwölf Vergewaltigungen und Morde. Aufgrund deren Muster bestand die berechtigte Annahme, daß sie alle vom gleichen Täter verübt worden waren. Der Major hatte noch immer keinerlei Hinweise darauf, in welcher Stadt er nach dem Mörder zu suchen hatte, verteilten sich die Tatorte doch über nahezu das ganze Land. Insgesamt fünf ermordete Mädchen waren allein in der Gegend um Poznan gefunden worden, dann aber zwei in Bydgoszcz und jeweils eines in Lomza, Lodz, Lublin, Radom, Kielce und Bialystock. Am Heiligen Abend 1966 aber schien der Fund einer weiteren Leiche erstmals deutlich auf den möglichen Wohnort der ´Roten Spinne` hinzuweisen. Im Zug von Krakau nach Warschau stieß ein Angehöriger des Zugpersonals in einem reservierten Abteil auf den halbnackten, aufgeschlitzten Leichnam einer jungen Frau namens Janina Kozielska. Er informierte den Zugbegleiter, und der wiederum telegrafierte mit der Warschauer Polizei, die ihn sofort anwies, den Zugführer jeden fahrplanmäßigen Stop auf dem Weg nach Warschau ignorieren zu lassen, um dem Mörder die Gelegenheit zu verwehren, den Zug vor dem Zielort zu verlassen. Ein riesiges Polizeiaufgebot nahm die Reisenden in Warschau in Empfang, kontrollierte jeden einzelnen von ihnen, aber ein Mann mit Blutspuren an der Kleidung oder sonstigen verdächtigen Auffälligkeiten wurde nicht gefunden. Dafür aber fand sich im Postwagen des Zuges ein Brief der ´Roten Spinne`. „Ich habe es wieder getan“ hieß es diesmal kurz und knapp. Major Ciznek schloß daraus, daß der Mörder den Zug möglicherweise kurz nach der Tat noch in Krakau wieder verlassen hatte, nicht ohne zuvor sein nächstes Bekennerschreiben in den Briefschlitz des Postwagens einzuwerfen. Der Schaffner des Zuges sagte aus, die Ermordete in Krakau in ihr Abteil geführt zu haben. Bei der Gelegenheit habe sie ihm erzählt, daß auch ihr Gatte jeden Moment im Zug eintreffen werde.

Kurz darauf habe er dort auch die Fahrkarte eines Mannes kontrolliert, an sein Äußeres aber könne er sich leider beim besten Willen nicht erinnern. Major Ciznek zog daraufhin in Erwägung, daß Janina Kozielska ihren Mörder gekannt und als ihren Ehemann ausgegeben haben könnte. Er befragte die Eltern des aus Krakau stammenden Mädchens, die keinerlei Verdacht hatten, wer ihre Tochter getötet haben könnte. Im Laufe des ausführlichen Gesprächs aber erwähnten sie einmal, daß Janina gelegentlich als Modell gearbeitet habe. Ciznek hakte nach und erfuhr, daß sie der Tätigkeit im Krakauer ´Club der Kunstliebhaber` nachgegangen war. Nun suchte der Major den Club auf, ließ sich eine Liste der dort werkelnden Hobbykünstler geben und stieß unter vielen anderen auf einen sechsundzwanzigjährigen Übersetzer namens Lucian Staniak. Er war bei einem staatlichen polnischen Verlagshaus angestellt, und was Ciznek auf ihn aufmerksam gemacht hatte, war die Tatsache, daß der im zwanzig Kilometer von Krakau entfernt liegenden Katowitz lebende junge Mann über ein Pauschalticket verfügte, mit dem es ihm zu jeder Zeit möglich war, ganz Polen zu durchqueren.

Ciznek ließ sich Staniaks Spind zeigen und fand dort neben einer Anzahl scharfer Messer und einer deutlich zu Tage tretenden Vorliebe für die Farbe Rot auch ein Gemälde, daß den Major in seinem Verdacht bestärkte, in Lucian Staniak den Mörder gefunden zu haben. Das Bild mit dem Titel ´Der Kreislauf des Lebens` zeigte eine Blume, die von einer Kuh gefressen wurde. Ein Wolf wiederum fraß die Kuh, der Wolf wurde von einem Jäger erschossen, der Jäger von einer Frau überfahren, und die Frau lag schließlich mit zerschlitztem Unterleib auf dem

Waldboden. Aus ihrem verwüsteten Körper wuchsen unzählige Blumen hervor.

Am nächsten Morgen dem 1. Februar 1967, stürmte die Katowitzer Polizei Staniaks Wohnung in der Aleje Wyzwolenia Nr. 117 und nahm den Verdächtigen fest. Wären sie nur einen Tag früher gekommen, wäre die achtzehnjährige Studentin Bozhena Raczkiewicz mit dem Leben davongekommen. Lucian Staniak hatte sie am Abend zuvor mit einer Wodkaflasche erschlagen und vergewaltigt. Auf der Flasche wurden Fingerabdrücke gefunden und mit Staniaks Abdrücken verglichen. Es dauerte nicht lange, bis dieser intelligent wirkende, gutaussehende junge Mann gestanden hatte, insgesamt zwanzig Morde verübt zu haben. Nach seinen Motiven befragt, erzählte er davon, wie seine Eltern und seine Schwester vor einigen Jahren auf vereister Straße von einem jungen Mädchen überfahren worden waren. Vor Gericht sei das Mädchen von jeder Schuld freigesprochen worden, und da er sich nicht an ihr selbst habe rächen können, ohne den Verdacht auf sich zu lenken, habe er beschlossen, sich an anderen Frauen Genugtuung zu verschaffen.

Lucian Staniak wurde zum Tode verurteilt, später begnadigt und auf Lebenszeit in die geschlossene Katowitzer Anstalt für gefährliche Geisteskranke eingewiesen.

Warmherzige alleinstehende Frau gesucht...

Es war im Jahre 1916, als der ungarische Schmied István Molnar die Gelegenheit gekommen sah, seinen langgehegten Traum von der Selbstständigkeit wahr werden zu lassen. Im zehn Kilometer nordwestlich von Budapest gelegenen Dörfchen Cinkota war ein Haus mit integrierter Werkstatt für einen äußerst günstigen Preis zum Kauf angeboten worden. Den zuständigen Behörden war aufgefallen, daß schon seit Jahren keine Steuern mehr auf das Anwesen entrichtet worden waren. Da es den Beamten trotz intensiver Bemühungen nicht gelungen war, einen Besitzer ausfindig zu machen, hatte das Bezirksgericht von Pest-Pilis das Gebäude schließlich zur Veräußerung freigegeben.

Nach einer ersten kurzen Besichtigung des Hauses in der Rákóczi Straße Nr. 17 und einer anschließenden Beratung mit seiner Frau kratzte Molnar seine Ersparnisse zusammen und machte den Kauf perfekt. Gleich am nächsten Tag machten sich die Beiden daran, die Werkstatt zu entrümpeln und stießen hinter allerlei Rohren und anderem verrosteten Gestänge auf mehrere große Fässer, die offensichtlich noch gefüllt waren, da sie sich nur sehr schwer bewegen ließen. Molnar griff nach einem Werkzeug und versuchte, einen der festverschlossenen Deckel anzuheben. Als ihm dies einen Spalt breit gelungen war, linste er hinein, wurde kreidebleich im Gesicht und rannte hinaus, um sich zu übergeben. Als ihn seine besorgte Frau fragte, was denn geschehen sei, erzählte er ihr von seiner schaurigen Entdeckung. In dem Faß befand sich der nackte, zusammengekrümmte Körper einer Frau. Die Polizei wurde gerufen, die Beamten öffneten die übrigen sechs Fässer und stießen auf sechs weitere Frauen, die wie die erste im praktisch luftleeren Raum der Tonnen regelrecht konserviert worden waren.

Der für die medizinische Untersuchung zuständige Professor Balazs Kenyeres stellte fest, daß alle sieben Frauen bereits seit mindestens zwei Jahren tot waren, aber aufgrund des Erhaltungszustands der Leichen gelang es ihm, ihre Fingerabdrücke zu nehmen. Die örtliche Polizei allerdings mußte schnell feststellen, daß keine der Ermordeten in einer Polizeiakte verzeichnet und ihre Identifizierung folglich unmöglich war. Drei Wochen später wurde Inspektor Geza Bialokurszky, ein leitender Beamter der Budapester Mordkommission, auf den schwierigen Fall angesetzt. Er versorgte sich als erstes mit einer Liste zwischen 1912 und 1914 verschwundener Frauen, die mehr als vierhundert Namen umfaßte. Nachdem er sie schließlich auf etwa fünfzehn in Frage kommende Personen zusammengestrichen hatte, ließ er zunächst vergeblich nach deren Verwandten forschen. Er fand aber schließlich eine frühere Arbeitgeberin der sechsunddreißigjährigen Köchin Anna Novak, die 1911 völlig überraschend von einem Tag auf den anderen und ohne der Chefin zu kündigen, ihre Arbeitsstelle verlassen hatte und nie wieder aufgetaucht war. Anna habe einen Koffer zurückgelassen und unverständlicherweise nie abgeholt, berichtete die Frau. Wenn die Herren Polizisten ihn sehen möchten, er stehe noch immer oben auf dem Speicher. Nun hatte Bialokurszky endlich eine erste Spur. In dem besagtem Koffer nämlich fand sich eine aus der Zeitung ´Pesti Hirlap` ausgerissene, mit rotem Stift eingekreiste Kontaktanzeige mit folgendem Wortlaut: ´Witwer sucht dringend die Bekanntschaft einer reifen, warmherzigen, alleinstehenden Frau zur gegenseitigen Hilfe bei der Überwindung der Einsamkeit. Foto und Angaben zur Person bitte postlagernd ans Hauptpostamt, Postfach 717. Heirat möglich oder sogar erstrebenswert.` Nachdem auch noch etliche Fingerabdrücke eines der Opfer auf dem Koffer entdeckt worden waren, wandten sich Bialokurszkys Leute an die Post und brachten dort in Erfahrung, daß zum fraglichen Zeitpunkt ein Elemer Nagy, wohnhaft in der Kossuth Straße Nr. 14 in Pestzenterzsebet, einem Vorort von Budapest, als Mieter des Postfaches eingetragen war. Schon glaubten sie, die Adresse eines ersten Verdächtigen vor sich zu haben, mußten vor Ort allerdings zur Kenntnis nehmen, daß ein Mann dieses Namens weder dort lebte noch jemals dort gelebt hatte. Beim Durchforschen mehrerer Jahrgänge des ´Pesti Hirlap` aber fand man noch insgesamt mehr als zwanzig immer gleichlautende Annoncen eines Witwers namens Elemer Nagy auf der Suche nach einer ´warmherzigen alleinstehenden Frau‘, und Bialokurszky hatte nun kaum noch Zweifel, daß es sich bei dem Inserenten um den Täter von Cinkota auf der Suche nach seinen Opfern gehandelt hatte. Als sich kurz darauf das Postamt bei der Polizei meldete, um mitzuteilen, daß man eine Postanweisung für die Bezahlung der Annoncen gefunden habe, fuhr er persönlich zur vom Auftraggeber der Überweisung angegebenen Adresse und erschauderte angesichts des makabren Humors seines unbekannten Gegners, der sich den ´Scherz` erlaubt hatte, die Anschrift eines Bestattungsunternehmens anzugeben.

Als nächstes wandte sich der Inspektor an die Presse und bat um einen Aufruf zur Mithilfe bei der Suche nach

Elemer Nagy. Der wirkliche Grund wurde den Lesern verschwiegen, und als sich die siebenundzwanzigjährige Hausangestellte Rosa Diosi bei der Polizei meldete und die Hintergründe erfuhr, war sie mehr als schockiert. Ja, sie habe Nagy, der in Wirklichkeit Bela Kiss heiße, vor etwa zwei Jahren kennengelernt, sei auch für kurze Zeit seine Geliebte und durchaus bereit gewesen, seiner Einladung nach Cinkota zu folgen. Aber seine Bitte, ihre Ersparnisse mitzubringen und ihm anzuvertrauen, habe sie als voreilig empfunden und das habe sie mißtrauisch gemacht. Trotzdem, dieser Mann solle ein Mörder sein? Um eine genauere Beschreibung gebeten, schilderte sie seine wundervollen braunen Augen, seine tiefe maskuline Stimme, seinen gepflegten Schnurrbart und seinen geradezu unersättlichen sexuellen Appetit. Der Kontakt aber sei längst abgebrochen, einen letzten Brief von ihm habe sie zwei Jahre zuvor aus einem serbischen Kriegsgefangenenlager erhalten, und sie könne beim besten Willen nicht sagen, wo Nagy sich mittlerweile aufhalte.

In den Tagen darauf meldeten sich noch einige weitere Frauen, die auf Nagys Annoncen reagiert hatten, erzählten ganz ähnliche Geschichten und schwärmten von dem unwiderstehlichen Charme dieses Mannes. Einige berichteten von seiner materiellen, andere von seiner sexuellen Gier, die sie schließlich abgeschreckt und trotz allem davon abgehalten habe, ihm nach Cinkota zu folgen. Nun, da die wahre Identität des mutmaßlichen siebenfachen Mörders festgestellt war, fand die Polizei schnell heraus, daß Kiss sich zwei Jahre zuvor dem 3. Ungarischen Infanterieregiment angeschlossen und schließlich in serbische Gefangenschaft geraten war. Ein Militärfotograf hatte ein Bild von der Truppe gemacht, ein vergrößerter Ausschnitt von Kiss wurde von der Polizei im Rotlichtbezirk von Budapest herumgereicht, und nicht wenige Prostituierte konnten sich gut an den liebenswerten, wenn auch etwas knauserigen Stammkunden erinnern. Für Bialokurszky fügte sich nun Stück für Stück das Bild eines Mannes zusammen, dem sein karges Einkommen als Klempner nicht genügt hatte, um sein überquellendes Verlangen nach schnellem unkompliziertem Sex mit Prostituierten zu stillen, und der aus diesem Grund dazu übergegangen war, einsame alleinstehende Frauen in mittleren Jahren zu verführen, um ihnen ihr Hab und Gut abzunehmen und sie anschließend zu ermorden. Einem Instinkt folgend, ließ der Inspektor nun den Garten des Hauses in Cinkota komplett umgraben, und tatsächlich wurden fünf weitere weibliche Leichen zu Tage gefördert. Bela Kiss aber blieb für immer unauffindbar.

Wie sicher ist eine S-Bahn-Fahrt bei Nacht?

Paul Ogorzov, der S-Bahn-Vergewaltiger

Die Motive des Mannes, der in den 40er Jahren in der Umgebung von Berlin sein mörderisches Unwesen trieb, liegen wohl in erster Linie in einer geradezu fanatischen Sex-und Rachsucht begründet. Der achtundzwanzigjährige Bahnarbeiter Paul Ogorzov, verheirateter Vater zweier Kinder, neigte dazu, fremde Frauen zu belästigen, in der Hoffnung, sie zur Intimität überreden zu können. Es war eine wahrhaft rüde Art, die er dabei an den Tag legte. Eines Tages im Sommer 1940 trat er in der Nähe der S-Bahn-Station Rummelsburg im Osten Berlins wieder einmal auf eine junge Frau zu und sprach sie an. Als sie sich von ihm abwenden wollte, hielt er sie am Arm fest und drängte sich gegen sie. Die Frau wehrte sich, schrie lautstark um Hilfe, und einige Männer, die sich im Garten eines nahegelegenen Hauses aufhielten, stürzten herbei und schlugen Ogorzov brutal zusammen. Es sollte mehrere Tage dauern, bis Ogorzov soweit genesen war, daß er sein Bett wieder verlassen konnte. Diese schmerzhafte Zeit der Untätigkeit verbrachte er damit, wüste Rachepläne zu schmieden, die sich im Sinne seines ausgeprägten Sexualtriebs gegen die Frauen im allgemeinen richteten und ihn schließlich zum vielfachen Mörder werden ließen. Wenige Wochen später, am Abend des 20. September, saß ihm während einer S-Bahn-Fahrt zwischen Rummelsburg und Karlshorst in einem ansonsten menschenleeren Waggon die Sportlehrerin Frieda Lausche gegenüber. Ogorzov sah eine erste Gelegenheit gekommen, seine Absichten in die Tat umzusetzen. Die Wut über die erlittene Demütigung stieg in ihm hoch, er sprang auf, zerrte die völlig

In den alten Berliner S-Bahnen können die Türen während der Fahrt jederzeit geöffnet werden.

überraschte Frau zur Tür, die er mit dem anderen Arm aufriß, und stieß sie bei voller Fahrt hinaus. Nun war Frieda Lausche aufgrund ihres Berufs sportlich sehr gut trainiert, und nur diesem Umstand war es wohl zu verdanken, daß sie die Attacke unverletzt überstand. Es gelang ihr, sich im Sturz abzurollen, sie stand auf, säuberte ihre Kleidung und marschierte auf der Stelle zur Polizei, um den Unbekannten anzuzeigen. Die Polizisten aber waren nicht gewillt, der Geschichte der Frau auch nur den geringsten Glauben zu schenken. Sie konnten keinerlei Kampfspuren an ihr entdecken, und wo auch sollte denn das Motiv liegen, das einen fremden Mann zu dieser merkwürdigen Tat getrieben haben sollte? So waren die Beamten zwar bereit, ihre Anzeige halbherzig aufzunehmen, ließen die Angelegenheit ansonsten aber auf sich beruhen. Ein Fehler, den sie noch bitter bereuen sollten.

Nur zwei Wochen später wurde die Leiche der Kriegswitwe Gerda Dietrich in ihrem Häuschen in einer kurz vor dem Bahnhof Rummelsburg gelegenen Laubenpieperkolonie gefunden. Sie war niedergeschlagen und mit mehreren Messerstichen in die Magengegend getötet worden. Die Polizisten vermuteten, sie habe einen Einbrecher überrascht, der sie daraufhin niedergestochen habe, und sahen keinerlei Verbindung zu dem geschilderten Erlebnis der Frieda Lausche. Weitere sieben Tage später, am 3. Dezember, wurde die Leiche der zweiundzwanzigjährigen Matilda Hollesch kurz vor dem Bahnhof Rummelsburg neben den Gleisen aufgefunden. Ein Schlag auf den Hinterkopf hatte sie getötet, anschließend wurde sie vergewaltigt. Und es sollte nur wenige Stunden dauern, bis ganz in der Nähe ein weiteres Opfer des unbekannten

Kleingartenkolonie am Bahnhof Rummelsburg

S-Bahn-Mörders neben den Gleisen gefunden wurde. Auch die zwanzigjährige Postangestellte Irmgard Frank hatte ein Schlag auf den Kopf umgebracht, und ihre Verletzungen deuteten daraufhin, daß sie aus dem fahrenden Zug gestoßen worden war.

Als am frühen Morgen des 22. Dezember eine weitere Frau, die Hausfrau Maria Bahr, mit einem stumpfen Gegenstand erschlagen und aus der S-Bahn geworfen wurde, entschloß sich die Berliner Polizei, unauffällig bewaffnete Beamtinnen in Zivil als Lockvögel die betroffene Strecke zwischen Rummelsburg und Karlshorst abfahren zu lassen. Zunächst allerdings ohne Erfolg. Denn am 3. Januar 1941 schlug der Unbekannte ein weiteres Mal zu und schubste eine junge Kinoplatzanweiserin aus dem Zug. Wie durch ein Wunder überlebte die Frau den Sturz und kam mit Hautabschürfungen und Prellungen davon. Die dreiundzwanzigjährige Telefonistin Sonja Marke aber hatte weniger Glück. Ihr Körper wurde nur wenige Stunden nach dem so glimpflich verlaufenen Anschlag tot neben den Gleisen gefunden.

Die Polizei hatte noch immer nicht die geringste Spur, bis sie sich am 20. Februar plötzlich berechtigte Hoffnungen machen konnte, den Killer endlich gefaßt zu haben. In den Blutspuren eines weiteren Opfers, der dreißigjährigen Arbeiterin Lisa Novak, die vergewaltigt, erschlagen und aus dem Zug geschleudert worden war, fanden sich die Fußabdrücke des einschlägig vorbestraften Sexualtäters Richard Bauer. Er bestritt energisch, die Tat begangen zu haben, beteuerte immer wieder, rein zufällig in der Dunkelheit über die Leiche gestolpert zu sein. Er wurde aber als ein erster Verdächtiger in Untersuchungshaft genommen und erst wieder auf freien Fuß ge-

Am Betriebsbahnhof Rummelsburg war Ogorzov als Weichenschmierer angestellt.

setzt, nachdem einige Gleisarbeiter am Morgen des 3. Juli 1941 neben der Bahnstrecke auf die Leiche einer Frau namens Olga Opell gestoßen waren. Die Polizei selbst hatte Bauer ein Alibi verschafft und mußte ihren Irrtum eingestehen.

Kommissar Wilhelm Lüdtke aber, einer der erfolgreichsten Berliner Kriminalisten der damaligen Zeit, hatte seit geraumer Zeit einen weiteren Verdächtigen im Auge. Der Bahnhofsvorsteher von Rummelsburg hatte unlängst einem seiner Beamten gegenüber zugegeben, daß der in seiner Station beschäftigte Bahnangestellte Paul Ogorzov, mit dem ihn eine lose Freundschaft verband, mehrmals auffällige Neugier gezeigt und sich bei ihm nach seinem Wissen über den aktuellen Ermittlungsstand der Mordkommission erkundigt habe. Noch hatte Lüdtke nichts gegen ihn unternommen, hatten doch Ogorzovs Kollegen auf Anfrage ausgesagt, der Mann sei zu den jeweiligen Tatzeiten im Bahnhofsgebäude seiner Arbeit am Telegraphen nachgegangen. Nach dem Mord an Olga Opell aber erhielt die Polizei einen anonymen Hinweis. Paul Ogorzov war dabei beobachtet worden, wie er zum fraglichen Zeitpunkt aus der Station geschlichen, über einen Zaun geklettert und fortgegangen war. Nun wurde er zum Verhör vorgeladen, wo er sich damit herauszureden versuchte, er habe eine Geliebte in der Nähe, die er heimlich besucht habe. Tatsächlich konnte er auf ein Mädchen verweisen, das seine Angaben lückenlos bestätigte. Die Polizisten aber entdeckten Blutspuren an seinem Arbeitskittel und ließen nicht locker. Lüdtke konfrontierte ihn mit den Aussagen mehrerer Frauen, die von einem Mann seines Beschreibung sexuell belästigt worden waren. Ogorzov gab diese ´Kleinigkeit` zu, machte aber den Fehler, den Tatort mit einer Stelle zu verwechseln, an der kürzlich ein Mädchen vergewaltigt worden war, dem anschließend die Flucht gelang. Lüdtke ließ die Zeuginnen vorladen, es kam zu einer Gegenüberstellung, und Ogorzov wurde einwandfrei identifiziert, wobei das so knapp dem Tode entgangene Mädchen einen Mantel mit extraweitem Kragen erwähnte, den Ogorzov am fraglichen Tage getragen habe. Bei der anschließenden Hausdurchsuchung wurde der Mantel gefunden. Ogorzov gestand nun auch die Vergewaltigung, geriet aber unter dem Druck des Verhörs mehr und mehr durcheinander und verwechselte zum zweiten Mal einen Tatort, als er die Laubenkolonie erwähnte, in der die Leiche der Gerda Dietrich gefunden worden war. Kommissar Lüdtke nutzte den fragilen Zustand seines Hauptverdächtigen, von dessen Schuld er nunmehr restlos überzeugt war, und präsentierte ihm die zerschlagenen Schädel einiger seiner Opfer. Ogorzov brach zusammen und gestand, der gesuchte S-Bahn-Mörder zu sein. Als er sich wieder in der Gewalt hatte, berichtete er mit auch im Nachhinein noch erregter Stimme, welch sadistisches Vergnügen es ihm bereitet habe, die entgeisterten Frauen aus der S-Bahn zu stoßen. Und wie es ihm schon bald nach einer Steigerung der Grausamkeiten verlangt habe, und er dazu übergegangen sei, die Frauen zu vergewaltigen und zu ermorden.

Nach einer nur eintägigen Gerichtsverhandlung wurde Paul Ogorzov am 21. Juli 1941 zum Tode verurteilt. Das Urteil wurde am folgenden Tage vollstreckt.

Vertrauensarzt Dr. Petiot

Im Frühjahr 1942, gute eineinhalb Jahre, nachdem die Nazis Paris und weite Teile Frankreichs besetzt hatten, wurde der Kopf eines Mannes ans Ufer der Seine gespült. Der Verwesungszustand war schon zu weit fortgeschritten, um ihn zu identifizieren. In den folgenden Monaten wurden nahezu wöchentlich weitere Leichenteile an der Seine gefunden, und die Polizei ging zunächst davon aus, daß es sich um von der Résistance verübte Racheakte an Kollaborateuren oder deutschen Wehrmachtssoldaten handelte, bis der Gerichtsmediziner Dr. Paul hinzugezogen wurde und zweifelsfrei feststellte, daß die Opfer von einem chirurgischem Experten, einem Arzt also, zerlegt worden waren. Tag und Nacht marschierten nun Polizeistreifen am Ufer der Seine entlang, ohne einen Verdächtigen ausmachen zu können, und zersägte Körperteile wurden nun plötzlich auch keine mehr gefunden. Zur gleichen Zeit fahndete die Gestapo nach engagierten Menschen, die bedrohten Juden zur Flucht über die Demarkationslinie in die unbesetzten Teile Frankreichs verhalfen. Im Mai 1943 erhielt sie einen Hinweis, wonach der Friseur Verrier als geheimer Vermittler zwischen Ausreisewilligen und Fluchthelfern diente. Um seinen Laden zu enttarnen, wurde die Information einem jungen wohlhabenden Juden namens Dreyfus zugespielt. Der ahnungslose Mann wurde auf Schritt und Tritt überwacht. Die Gestapo ging davon aus, daß Dreyfus einen erneuten Fluchtversuch wagen würde, nachdem er, ein aktives Mitglied einer verratenen Gruppe der Widerstandsbewegung, bereits früher einmal versucht hatte, sich abzuset

Rue Le Sueur. Die auffällig neue Fassade zwischen den beiden Altbauten trägt die Nr. 21. Sie entstand Anfang der 50er Jahre, nachdem das Haus Petiots an dieser Stelle abgerissen worden war.

zen. Und sie sollten recht behalten. Am 21.Mai 1943 trat Dreyfus in Begleitung eines großgewachsenen schwarzhaarigen Mannes in mittleren Jahren aus dem Friseurladen auf die Straße hinaus. Die Männer der Gestapo folgten den beiden, verloren aber im Gedränge bald ihre Spur. Dennoch ging Dreyfus nicht der Freiheit, sondern seinem Tod entgegen.

Bei seinem Begleiter, der ihm von Monsieur Verrier im besten Glauben vermittelt worden war, handelte es sich um den Arzt Marcel Petiot. Dr. Petoit, der eine gutgehende Praxis in der Rue Caumartin betrieb, führte Dreyfus in eine von hohen Mauern umgebene Villa in der Rue Le Sueur Nr. 21. Er war Dreyfus als ein Idealist vorgestellt worden, der keinerlei Bezahlung für seine Hilfe verlange, der aber andererseits darauf gedrängt hatte, daß Dreyfus all sein Vermögen mit sich führe, damit es auf keinen Fall den Nazis in die Hände falle. In der Villa angekommen, machte Petiot dem jungen Mann klar, daß er für seine Flucht nach Afrika eine Impfung benötige. Er wies ihn an, sich auf einer Couch niederzulassen, krempelte ihm den Hemdsärmel hoch und zog eine Spritze auf. Wenige Minuten später wurde Dreyfus von Übelkeit und entsetzlichen Krämpfen heimgesucht. Er mühte sich von der Couch herunter, schleppte sich unter unerträglichen Schmerzen und wachsender Todesangst zur Tür, durch die Petiot doch eben erst mit einem freundlichen aufmunternden Lächeln das Zimmer verlassen hatte. Die Tür aber war fest verschlossen und schalldicht isoliert. Niemand außer Petiot hörte Dreyfus‘ Hilferufe, geschweige denn sein kraftloses Trommeln gegen die Türbretter, und kurz darauf sank Dreyfus zu Boden und war tot. Petiot, der das Ableben seines Opfers durch ein Guckloch

Hinterhof der Rue Le Sueur Nr. 21
Hier befanden sich ursprünglich die Öffnungen zu den Abortgruben.

beobachtet hatte, zersägte die Leiche, warf sie in die Jauchegrube eines angrenzenden Schuppens und begutachtete zufrieden die hinterlassenen Geldbündel und Wertgegenstände. Als er aber am Abend in die Rue Camartin zurückkehrte, erwartete ihn die Gestapo und nahm ihn fest. Der Friseur Verrier war verhört worden, hatte den grausamen Vernehmungsmethoden nicht lange standgehalten und den Namen des Mannes, den er doch für einen selbstlosen Fluchthelfer hielt, unter Qualen verraten. Nachdem Dr. Petiot mehrere Monate in Haft verbracht hatte, wurde er am 8. Februar 1944 nach Unterzeichnung einer Erklärung, von nun an als Spitzel für die Besatzungsmacht zu arbeiten, auf freien Fuß gesetzt. Am folgenden Tag machte ihm eine Nachbarin in der Rue Lesueur die unangenehme Mitteilung, daß die Wehrmacht beabsichtige, seine Villa zum 1. April zu beschlagnahmen und für ihre eigenen Zwecke zu nutzen. Eilig öffnete Petiot die Jauchegrube, schaffte Löschkalk herbei und überschüttete die Leichenteile von mehr als dreißig Personen, die dem vermeintlichen Fluchthelfer seit Beginn der Besatzungszeit in die Villa gefolgt waren, dort nach dem immer gleichen Muster ihr Leben gelassen und den Arzt zu einem reichen Mann gemacht hatten. Als der Kalk die Leichen ausgetrocknet hatte, schob er sie in die Öfen des Hauses und zündete sie an. Dicke Wolken beißenden Qualms stiegen aus den Schornsteinen empor, und während Petiot, der Arzt des Vertrauens, seiner Arbeit in der Praxis in der Rue Camartin nachging, rief ein Anwohner der Rue Lesueur nach der Feuerwehr, weil er befürchtete, in der Villa sei ein Brand ausgebrochen. Als die entsetzten Feuerwehrleute den wahren Grund für die Rauchentwicklung entdeckten, informierten sie die Poli-

Diese Tiefgarage befindet sich heute unter dem Hinterhof der Rue Le Sueur Nr. 21. Früher waren hier die Abortgruben, in denen Petiot die Leichen der ermordeten Juden und Widerstandskämpfer aufbewahrte.

zei, die das Haus daraufhin gründlich durchsuchte und neben den verkohlenden Leichenteilen zahlreiche weitere Schädel, Arme und Beine fanden, die neben den Öfen auf ihre Verbrennung warteten. Daneben wurden mehr als siebzig Koffer mit den Kleidungsstücken der Opfer sichergestellt.

Petiot erfuhr am nächsten Morgen aus der Zeitung von der Entdeckung seiner Mordtaten, tauchte unter, und erst nach mehreren Monaten -die Alliierten waren inzwischen in Paris einmarschiert und hatten die Nazis vertrieben-wurde der zur Fahndung ausgeschriebene Doktor von einem Militärpolizisten identifiziert und verhaftet. Mit den gegen ihn vorliegenden Beweisen konfrontiert, behauptete Petiot, er habe im Auftrag der Widerstandsgruppe ´Fliegengift` Kollaborateure liquidiert. Mitglieder der Gruppe aber, die in dem nun folgenden Mordprozeß in den Zeugenstand gerufen wurden, wiesen seine Aussage energisch von sich und erklärten, der Mann sei ihnen völlig unbekannt. Nachdem ihm ein psychiatrisches Gutachten die volle Verantwortung für seine Taten zugewiesen hatte, wurde Dr. Marcel Petiot wegen des erwiesenen, mindestens 30fachen Mordes am 5. 4. 1946 zum Tode verurteilt. Das Urteil wurde am 25. Mai vollstreckt.

Marcel Petiot, dem während seiner Schulzeit großer Ehrgeiz und überdurchschnittliche Intelligenz attestiert worden waren, beendete auch sein Medizinstudium mit Auszeichnung. Anschließend machte er sich selbständig und gründete eine kleine Praxis auf dem Lande. Schnell hatte er sich einen hervorragenden Ruf erarbeitet, wurde als Mitglied der Sozialistischen Partei und der Liga für Menschenrechte zum Bürgermeister der Kleinstadt gewählt und schließlich auch zum Chefarzt des örtlichen

Philippe Geismard

Krankenhauses berufen. Niemand ahnte zu der Zeit, daß der erfolgreiche junge Mann sich längst einen Nebenverdienst anhäufte, in dem er die ansässigen Rauschgifthändler mit Drogen versorgte. Nachdem er durch eine Unvorsichtigkeit aufgeflogen war, Amt und Stellung verloren hatte und unter Schimpf und Schande vertrieben worden war, ging er nach Paris. Wieder ließ er sich mit Dealern ein, wurde abermals erwischt und zu einer Bewährungsstrafe verurteilt. Er gründete die radiotherapeutische Praxis in der Rue Camartin, und mit von der Fachwelt stark angezweifelten Bestrahlungsmethoden gelang es ihm tatsächlich, einen großen Kreis zahlungskräftiger Patienten an sich zu binden. Seine unersättliche Habgier aber brachte Dr. Petiot, den sein Bruder Maurice später als geisteskrank und der Psychiater Dr. Gouriou als pervers und zutiefst amoralisch bezeichnen würde, schließlich auf die Idee, die Not wohlhabender Juden zu nutzen, und ließ ihn zum dreißigfachen Mörder werden.

Interview mit Philippe Geismar, Sohn eines guten Bekannten des Dr. Petiot, geführt am 23.08.1997 in einem Café nahe der Rue Le Sueur, Paris

J.H. Philippe, was kannst du mir denn erzählen?

P.G. Ich erzähl´jetzt einfach hintereinander weg, was ich weiß, und wenn du Fragen hast, dann unterbrich´mich einfach, in Ordnung? Also, soviel ich weiß, wurde Petiot, als er gerade 24 war, angeklagt, ein Dienstmädchen vergiftet zu haben. Das hat er natürlich bestritten, und außerdem wurde die Leiche des Mädchens nie gefunden.

Marcel Petiot bei seiner Gerichtsverhandlung im April 1946

Petiot war auch schon früher, als sehr junger Schüler, mit dem Gesetz in Schwierigkeiten gekommen. Er wurde dabei erwischt, wie er einen Konverter stehlen wollte, in einem Alter, wo andere Jungen ihre Spielzeugautos auf dem Wohnzimmerteppich ausbreiten. Nun, nach dieser Sache mit dem Friseur, wie sie in deiner Geschichte beschrieben ist, haben ihn die Nazis verhaftet und befragt, dann blieb er mehrere Monate in Haft und wurde freigelassen, als er die Wahrheit über seine Taten erzählte. Man wußte wohl nicht so recht, was man glauben sollte. Auf jeden Fall fing Petiot nach seiner Freilassung an, die Leichen, die er mit Chaux, einer Art Kalk, überzogen hatte, zu verbrennen. Petiot war nebenbei zu diesem Zeitpunkt auch Polizeiarzt für den 9. Destrikt. Der gelbe Rauch, der übelriechend aus dem Schornstein qualmte, veranlaßte die Hausmeisterin, die einen Hausbrand vermutete, die Feuerwehr zu rufen. Wider den Berichten, daß Petiot erst am darauffolgenden Tag aus der Zeitung von der Entdeckung seiner Mordtaten las, erzählt man sich hier, daß er am gleichen Tag noch mit dem Fahrrad vorbeikam. Die Polizei war angeblich gerade dabei, sein Haus zu durchsuchen. Als er von einem Polizisten angehalten wurde, sagte er ihm, daß er lediglich Petiots Zwillingsbruder sei und fuhr wieder weg. Petiot floh in die Kaserne Reuilly und gab sich als Wiederstandskämpfer aus. Paris war wohl gerade dabei, befreit zu werden. Während dieser Zeit schrieb ein Journalist einen Artikel über Petiot und bezeichnete ihn als Mörder. Petiot reagierte prompt und schrieb dem Journalisten, daß er es ihm gerne beweisen wolle, er sei auf gar keinen Fall ein Mörder. Doch es kam anders. Der Poststempel verriet Petiots derzeitige Aufenthaltsregion, und er konnte somit gefaßt werden. Petiots Bruder wurde von der Polizei nach einer etwaigen Mitwisserschaft befragt, der wollte aber natürlich nie was gehört haben. In der Nachbarschaft war man sich allerdings sicher, daß Petiot seinem Bruder doch einiges erzählt hatte. Petiots Anwalt Maitre Floriot tat alles in seiner Macht stehende, um Petiot vor der Guillotine zu retten, erfolglos allerdings. Als sich dann im Santé Prison der Tag der Exekution näherte, war keine funktionstaugliche Guillotine verfügbar. Es mußte erst eine aus der Provinz herangeschafft werden. Kurz vor der Exekution tröstete Petiot seinen aufgeregten Anwalt mit den Worten: „Mach´dir keine Sorgen, Anwalt." Gefragt, ob er nunmehr die Sakramente empfangen wolle, verneinte Petiot mit der Begründung, er glaube nicht an Gott, und rauchte stattdessen eine Zigarette. Petiots Villa wurde übrigens vor dem Krieg gebaut, sie wurde vorher von Cecile Sorel bewohnt. Nach dieser Sache wurde das Haus natürlich abgerissen, es wollte ja niemand mehr darin wohnen. Zuvor wurde allerdings sechs Monate lang nochmals intensivst nach den geschätzten 200 Million Französischen Francs gesucht, die Petiot im Zuge seiner Untaten erbeutet haben soll. Das Vermögen wurden allerdings nie gefunden.

J.H. Wo, glaubst du, liegt das Geld?

P.G. In seinem Ferienhaus bei Roxer. Nach dem Krieg haben seine Frau und sein Sohn dort gelebt, bevor sie nach Amerika zogen. Wahrscheinlich mit dem Geld, daß sie dort - wie man glaubt - im Garten gefunden haben. Du kannst seinen Sohn ja mal fragen, soviel ich weiß, lebt der jetzt noch munter in den U.S.A. ...

J.H. Wann wurde eigentlich in Frankreich die Todesstrafe abgeschafft?

P.G. 1981, die letzte Hinrichtung fand jedoch schon 1964 unter Charles de Gaulles statt.

Der Yorkshire Ripper

Peter Sutcliffe wurde am 2. Juni 1946 in Bradford im englischen Yorkshire geboren. Er war das älteste von fünf Kindern, die in der erdrückenden Enge eines typischen Arbeiterviertels aufwuchsen. Ein scheues, zurückhaltendes Muttersöhnchen, das stundenlang in der Ecke saß und phantasierend in die Luft starrte. In dieser Welt der Resignation wurde jegliche Andersartigkeit mit Spott überhäuft und Peter von Anfang an als schwächlicher Außenseiter abqualifiziert. Der Vater, John Sutcliffe, war ein herrschsüchtiger und brutaler Mann, der ständig hinter jungen Mädchen her war und von seiner Familie verabscheut wurde. Peters Schwester gestand später einmal, sie habe immer wieder davon geträumt, wie sie ihren Vater eigenhändig ermordete. Während John Sutcliffe eine kurze Gefängnisstrafe wegen Einbruchs absaß, hatte die Mutter eine Affäre mit einem örtlichen Polizeibeamten. Auch ein jüngerer Bruder Peters wurde wegen verschiedener Delikte immer wieder zu Haftstrafen verurteilt, und einige der wenigen Freunde Peters waren Diebe und Einbrecher. Peter selbst versuchte seine Außenseiterrolle zu kaschieren, indem er regelmäßig ein Krafttraining absolvierte, in überhöhter Geschwindigkeit durch die Ortschaft rauschte und mit angeblichen Abenteuern mit Prostituierten prahlte, die zwar ganz allein seiner Phantasie entsprangen, aber doch schon ein erstes Licht auf seine Faszination für das Milieu warfen. Im Alter von 15 Jahren verließ Peter die Schule und hielt sich von nun an mit wechselnden Gelegenheitsjobs über Wasser. 1967 lernte er die sechzehnjährige tschechische Emigrantin Sonia

Enge des Arbeiterviertels in Bradford

Peter Sutcliffe

Die aufgebrachte Menge will den Mörder endlich verurteilt sehen.

kennen, und die Beziehung zu ihr sollte seinen Werdegang entscheidend beeinflussen. Als er im Juni 1967 dahinter kam, daß Sonia eine Affäre mit einem schneidigen Italiener eingegangen war, war er zutiefst gekränkt und rasend vor Eifersucht. Er beschloß, sich an ihr zu rächen, fuhr in den Rotlichtbezirk hinunter und suchte eine Prostituierte auf. Eine Erektion aber brachte er nicht zustande, woraufhin ihn die Dame mit beißendem Hohn überschüttete, ihn um sein Wechselgeld betrog und sich aus dem Staub machte. Ohne Zweifel ein einschneidendes Erlebnis für Peter Sutcliffe, das seinen sinnlosen Haß auf die Prostituierten im allgemeinen endgültig manifestierte. Immer wieder fuhr er von nun an die St.Paul's Road rauf und runter, und im August glaubte er endlich die Frau erkannt zu haben, die ihm immer noch seine 5 Pfund schuldete. Er griff nach einer Socke, die er mit einem Stein gefüllt hatte, sprang aus dem Wagen, zog der Frau die Waffe über den Hinterkopf und fuhr davon. Die Frau aber prägte sich sein Nummernschild ein, zeigte ihn an, und Peter wurde zur Vernehmung vorgeladen.

Es erschien ein schüchterner, völlig harmlos wirkender Mann, der beteuerte, er habe der Frau im Verlauf einer persönlichen Auseinandersetzung mit der flachen Hand gegen den Kopf geschlagen. Da er keinerlei Vorstrafen hatte, wurde er gegen die Zahlung einer geringfügigen Kaution entlassen. Sonia kehrte bald darauf reumütig zu Peter zurück, und 1974 heirateten die beiden und bezogen eine Wohnung im Ortsteil Heaton in der Garden Lane Nr. 6.

Der Haß auf die Prostituierten ließ Peter nie wieder los. Immer wieder fuhr er zur St.Paul's Road hinunter, beschränkte sich aber zunächst darauf, die Frauen zu be-

Garden Lane Nr. 6

leidigen und zu beschimpfen. Am 4. Juli aber fuhr er ins Nachbarstädtchen Keighley hinüber und sprach eine hübsche Frau namens Anna Rogulskyj an. Als sie ihn abwies, schlug er ihr dreimal mit einem Hammer auf den Kopf. Sie brach zusammen, Peter zog ein Messer und war eben im Begriff, ihr in den Bauch zu stechen, als ein herbeieilender Mann ihn in die Flucht trieb. Anna Rogulskyj überlebte die Attacke und war nach einer Gehirnoperation wieder hergestellt. Auch die sechsundvierzigjährige Reinigungskraft Olive Smelt kam mit dem Leben davon, nachdem sich Sutcliffe von hinten an sie herangeschlichen und mit dem Hammer niedergeschlagen hatte. Er zerriß ihr die Kleider und fügte ihr mehrere Schnittwunden am Gesäß zu, bevor er zu einem Freund zurückkehrte, der im Auto auf ihn wartete. Olive Smelt erholte sich, nachdem ihr einige Knochensplitter aus dem Gehirn entfernt worden waren. Sein nächstes Opfer fand Sutcliffe am 29. Oktober 1975. Die achtundzwanzigjährige Prostituierte Wilma McCann folgte ihm auf einen Sportplatz in der Nähe ihrer Wohnung, aber auch diesmal war Peter nicht fähig zur Erektion. Wilma beschimpfte ihn als „verdammt nutzlos", woraufhin Peter zum Auto ging, einen Hammer holte und Wilma zu Boden schlug. Anschließend zog er ihr die Hosen herunter und stach ihr mit einem Messer wieder und wieder in die Brust und den Unterleib. Nun hatte Peter Sutcliffe seinen ersten Mord begangen, und in den nächsten Jahren sollten dreizehn weitere folgen. Emily Jackson, die verheiratete Mutter dreier Kinder, die sich am Abend heimlich etwas Geld dazuverdiente, wurde am 21. Januar 1976 tot aufgefunden. Sie war mit einem Hammer erschlagen und durch mehr als fünfzig Messerstiche entstellt worden.

Peter Sutcliffe wurde im Januar 1983 von einem aufgebrachten Zellengenossen im Gefängnis von Parkhurst attackiert. Das Foto wurde zehn Monate später gemacht, als Sutcliffe in einem Prozeß zu seiner Verletzung Stellung nahm.

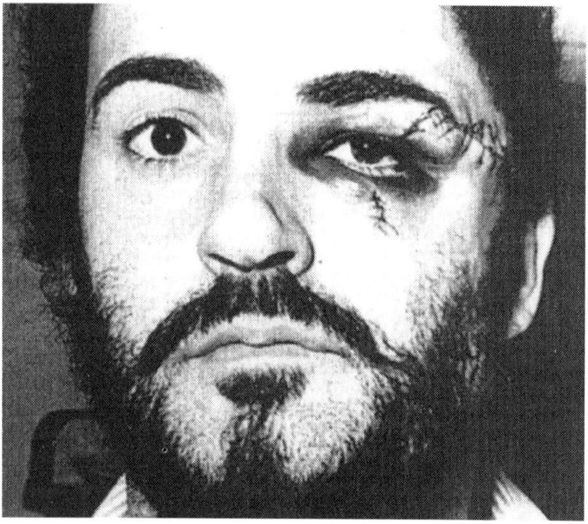

Am 5. Februar wurde Irene Jackson mit durchschnittener Kehle im Park von Leeds gefunden, und am 23. April traf es Tina Anderson, die Sutcliffe in ihrem Bett ermordete. Anstelle einer Vergewaltigung hatte er den Verkehr buchstäblich mit einem Messer vollzogen. Zwar würde er später behaupten, er habe sich einzig und allein für Prostituierte interessiert, aber durch seinen ausgelebten Haß auf die Damen des Gewerbes war er längst dahinter gekommen, welch sexuellen Genuß ihm die Morde bereiteten. So befand sich unter seinen Opfern auch das sechzehnjährige Schulmädchen Jayne McDonald, der er auf dem Nachhauseweg auflauerte, sowie mehrere Frauen, die einem bürgerlichen Gelderwerb nachgingen, wie die sechsundvierzigjährige Angestellte beim Gesundheitsamt, Margeruite Walls. Bis zum Ende der Siebziger Jahre war die Jagd nach dem Yorkshire Ripper, wie der unbekannte Mörder inzwischen genannt wurde, zu einer der größten Polizeiaktionen der englischen Kriminalgeschichte geworden. Aber es sollte noch zwei weitere Jahre dauern, bis man Peter Sutcliffe auf die Spur kam. Am 2. Januar 1981 fuhr er nach Sheffield hinüber und las im dortigen Rotlichtbezirk die schwarze Prostituierte Olive Reivers auf. Sie entkleidete sich soweit wie nötig und reichte Sutcliffe ein Kondom. Doch der bemühte sich in der Enge des Wagens wieder einmal vergeblich um eine Erektion. Später saßen sie noch eine Weile im Auto, und Olive hörte geduldig zu, wie Sutcliffe über die Frigidität seiner Frau lamentierte, als eine Polizeistreife auftauchte und über Funk feststellte, daß der Wagen gestohlen war. Bevor die beiden zum Polizeiwagen geleitet wurden, bat Sutcliffe um die Erlaubnis, sich an den Straßenrand zurückziehen zu dürfen, um zu urinieren, und schaffte es bei der Gelegenheit, den Hammer und das Messer, die er wie immer unter dem Fahrersitz verstaut hatte, hinter einem Öltank zu verstecken. Am nächsten Tag aber kehrte einer der Beamten einem Instinkt folgend an den Ort der Festnahme zurück, schaute sich gründlich um und entdeckte die Waffen. Mit dem Fund konfrontiert, gab Sutcliffe zu, der gesuchte Ripper zu sein, und schilderte die Greueltaten in allen Einzelheiten. Peter Sutcliffe wurde am 22. Mai 1980 des dreizehnfachen Mordes und des siebenfachen versuchten Mordes für schuldig befunden und zu lebenslänglicher Haft verurteilt.

Aufgrund seines Geisteszustandes wurde er 1984 vom Gefängnis Parkhurst nach Berkshire ins Hochsicherheitskrankenhaus Broadmoor auf die geschlossene Abteilung verlegt. Zeitweilig befindet sich Peter Sutcliffe in einem Stadium der geistigen Verwirrung, wobei er nicht mehr ansprechbar ist.

Die Moormörder

Das ruhige englische Städtchen Hattersly, von weitläufigen Sumpfgebieten umgeben, war die Heimat eines jungen Paares, das in den 60er Jahren als die Moormörder von England in die Kriminalgeschichte eingehen sollte. Ian Brady, 28, und Myra Hindley, 23, lebten gemeinsam im Haus von Myras Großmutter in der Wardle Brook Avenue Nr. 16. Am späten Abend des 6. Oktober 1965 verließ Myra die Wohnung ihrer Schwester und bat deren Mann, David Smith, sie auf dem Weg nach Hause zu begleiten.

Dort angekommen, saßen die beiden noch eine Weile in der Küche, tranken ein Glas Wein und unterhielten sich, als urplötzlich ein entsetzlicher Schrei aus nächster Nähe an ihre Ohren drang. „Komm, wir müssen ihm helfen!“ rief Myra und lief ins Wohnzimmer hinüber. Der ahnungslose Schwager folgte ihr, und was er nun zu sehen bekam, würde er später folgendermaßen beschreiben: „Im ersten Moment dachte ich, Ian habe eine Puppe in Lebensgröße vor sich und wedele damit herum. Aber dann dämmerte mir, daß es sich keineswegs um eine Puppe handelte.“ Die vermeintliche Puppe war der siebzehnjährige Edward Evans, den Ian in einem nahegelegenen Pub aufgelesen hatte und nun würgend endgültig zum Schweigen brachte, nachdem er ihn zuvor mit insgesamt vierzehn Axtschlägen traktiert hatte. Der Mord war als eine Art „Demonstration“ für David gedacht, den Ian und Myra als Komplizen zu gewinnen beabsichtigten. Smith war ein heftiger Trinker, hatte eine lange Liste an Jugendstrafen vorzuweisen und schien dem mörderischen

Die Opfer der Moormörder

John Kilbride

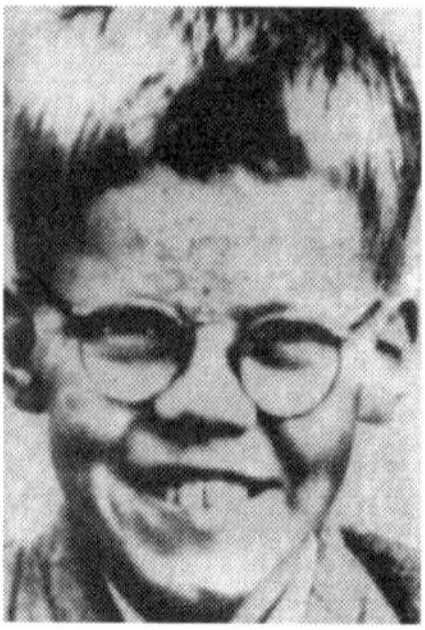

Keith Bennett

Pauline Reade

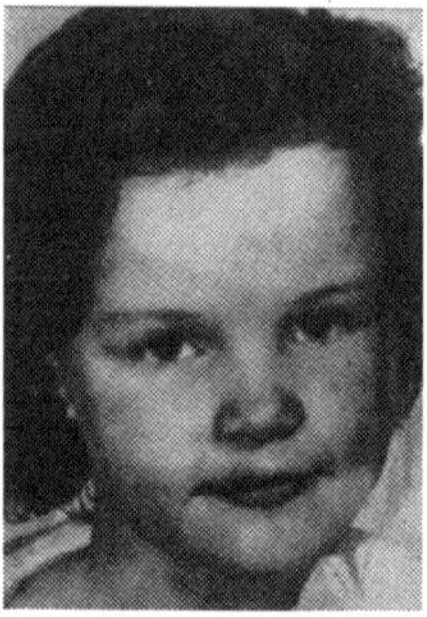

Lesley Ann Downey

Edward Evans

Pärchen gerade der richtige Partner zu sein. Smith stand unter Schock, als er den beiden half, das verspritzte Blut von den Wänden zu waschen, während Ian ununterbrochen über sein Opfer lästerte und den Jungen als Waschlappen, Leichtgewicht und hirnloses Schwein bezeichnete. Dann rief die Großmutter die Treppe herunter und erkundigte sich nach der Ursache der Schreie, worauf Myra erwiderte, ihr sei der Kasettenrecorder auf den Fuß gefallen. Die Großmutter zog sich wieder zurück, und Smith half Ian, die Leiche nach oben in ein unbewohntes Zimmer zu tragen.

Als David Smith spät in der Nacht nach Hause kam, stürzte er ins Bad und übergab sich mehrere Stunden lang. Nach dem Grund seiner Übelkeit befragt, erzählte er seiner Frau, was vorgefallen war, und am nächsten Morgen gegen sechs Uhr gingen sie gemeinsam zur Polizei. Bei der anschließenden Hausdurchsuchung stießen die Beamten auf die verschlossene Tür im oberen Stockwerk. Myra behauptete, sie habe den Schlüssel verlegt, aber die Polizisten brachen die Tür auf und fanden neben der mit Plastik umwickelten Leiche und zwei Revolvern auch mehrere Fotos. Auf einigen war die seit zehn Monaten vermißte zehnjährige Lesley Ann Downey zu sehen. Ein anderes zeigte Myra Hindley, wie sie im Moor über einem grabähnlichen Hügel stand. Die Polizei lokalisierte die Stelle und fand den Leichnam des zwölfjährigen John Kilbride und kurz darauf auch den der kleinen Lesley. Wie sich herausstellen sollte, wurde das Mädchen unvorstellbaren Grausamkeiten ausgesetzt, bevor sie schließlich ermordet wurde. Sie war entkleidet, in pornographischen Posen fotografiert und schließlich sexuell mißbraucht worden. Ihre Schreie hatte das unglaubliche Paar

Myra Hindley als jugendliche Blondine

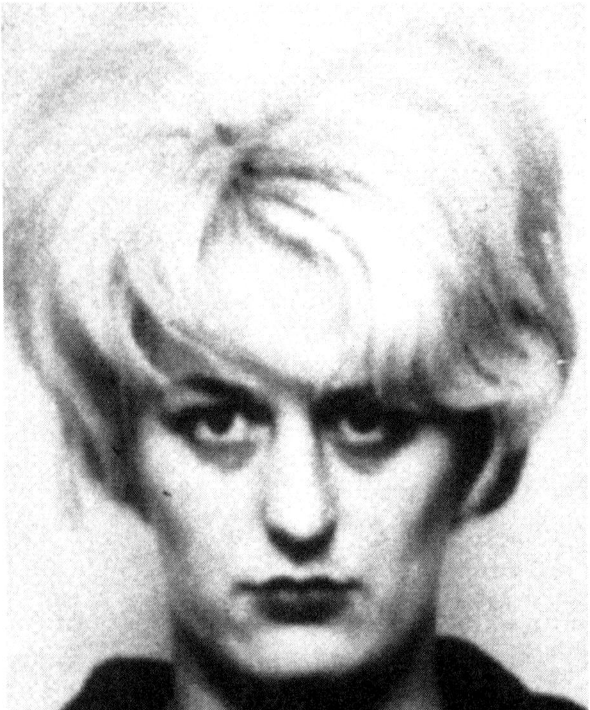

auf Tonband aufgenommen und später mit weihnachtlicher Musik unterlegt. Die Polizei fand die Aufnahmen, und selbst die Hartgesottensten unter den Kriminalisten sprachen davon, nie zuvor derartige Geräusche menschlicher Qual gehört zu haben. Als die Bänder während der Gerichtsverhandlung in Chester zu Gehör kamen, brachen mehrere Geschworene in Tränen aus, während Myra regungslos zuhörte und keinerlei Emotionen zeigte. Sie bestritt jede Tatbeteiligung und versuchte, Ian die alleinige Schuld zuzuschieben, woraufhin der sie mit wüsten Obszönitäten überschüttete. Am 6. Mai 1966 wurden Ian Brady und Myra Hindley, ohne auch nur eine ihrer furchtbaren Taten gestanden zu haben, schuldig gesprochen und zu lebenslanger Haft verurteilt. Erst viele Jahre später würde Brady einem Journalisten namens Fred Harrison gestehen, daß die beiden auch die sechzehnjährige Pauline Reade und den zwölfjährigen Keith Bennet ermordet hatten. Paulines Leiche wurde 24 Jahre später mit Myras Hilfe im Juli 1987 im Moor gefunden, der Leichnahm von Keith Bennett aber bleibt bis heute unauffindbar. Seine Mutter gräbt nahezu jedes Wochenende im Saddleworth Moor nach dem kleinen Körper.

Ian Brady wurde am 2. Januar 1938 als Ian Duncan Stewart in Glasgow geboren. Seine Mutter, die achtundzwanzigjährige Margaret Stewart, arbeitete als Kellnerin in einem Hotel, und als sein Vater, ein Glasgower Journalist, bereits drei Monate nach seiner Geburt verstarb, gab die Mutter den Jungen in die Hände der Pflegeeltern Mary und John Sloan.

Ian war ein zwar einsamer aber dennoch sehr dominanter Schüler, ein geborener Führer, der sich schon früh sehr intensiv mit Nietzsche, de Sade, Dostojewskys

Ian Brady

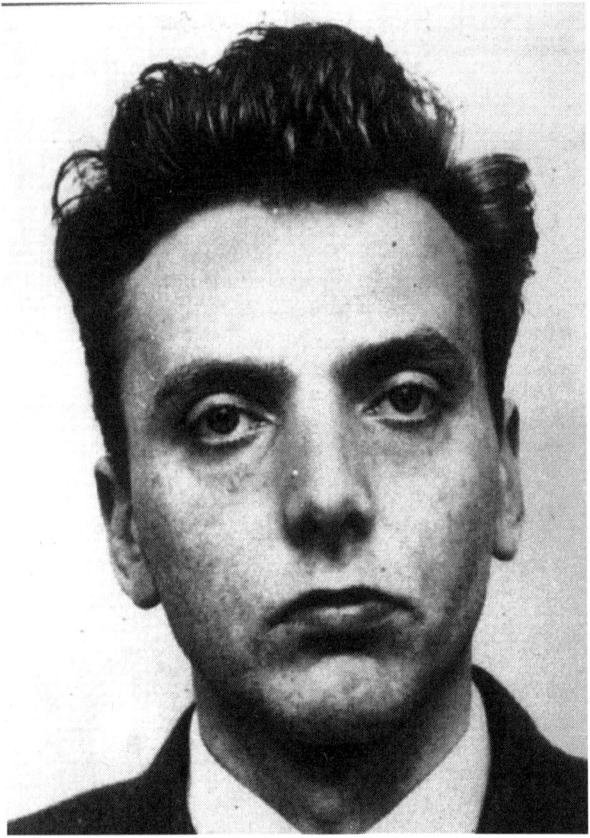

´Schuld und Sühne` und schließlich vor allem mit Hitlers ´Mein Kampf` beschäftigte. Als er zehn Jahre alt war, wechselte er auf die Shawlands Academy, eine Schule für überdurchschnittlich begabte Kinder, wo er dann allerdings vor allem durch schlechtes Benehmen auffiel, was als Rebellion gegen wohlhabendere Mitschüler gedeutet wurde.

Nachdem er zwischen dem dreizehnten und dem sechzehnten Lebensjahr mehrere Male wegen Einbruch und Diebstahl vor einem Jugendgericht gestanden hatte, wurde er schließlich auf Bewährung verurteilt, die mit der Auflage verbunden war, zu seiner Mutter zu ziehen. Die lebte mittlerweile in Manchester und war mit einem Mann namens Patrick Brady verheiratet. Ian nahm den neuen Familiennamen an und arbeitete auf einem Gemüsemarkt, bis er im November 1955 zu zwei Jahren Gefängnis verurteilt wurde, weil er einem LKW-Fahrer dabei geholfen hatte, gestohlene Früchte auf den Wagen zu laden. Die Härte der Strafe erklärt sich daraus, daß Brady noch immer zur Bewährung auf freiem Fuß war, aber er fühlte sich maßlos schlecht behandelt, und die folgenden zwei Jahre unter Berufsverbrechern und Mördern trugen ihrerseits dazu bei, daß in Brady der feste Entschluß reifte, „der Gesellschaft zu geben, wonach sie verlangt“.

Nach seiner Entlassung arbeitete er für einige Zeit in einer Brauerei und schließlich als Buchhalter bei Millwards Ltd., einer kleinen Chemiefabrik. In den Pausen studierte er weiterhin ´Mein Kampf` und andere Naziliteratur. Am 16. Januar 1961 lernte er schließlich Myra Hindley kennen, die als Sekretärin in der selben Firma arbeitete. Sie erliebten sich ineinander und Myra würde später über ihr Verhältnis sagen: „Innerhalb weniger Mo-

Der Ort Hattersley ist erst in den 60er Jahren gebaut worden. Die Einwohner waren sich folglich zur Zeit der "Moormörder" noch fremd. Diese alte Landgaststätte befindet sich in Sichtweite zur Wardle Brook Avenue Nr. 16 am Stadtrand und wurde von der neuen Bevölkerung gern besucht. Auch Ian Brady lernte hier einige seiner neuen Nachbarn kennen.

nate hatte Ian mich vollkommen davon überzeugt, daß es keinen Gott gebe. Er hätte mir erzählen können, die Erde sei eine Scheibe, der Mond aus grünem Käse und die Sonne gehe im Westen auf, ich hätte ihm alles auf der Stelle geglaubt." Derartig unter seinem Einfluß, hatte sie nichts dagegen einzuwenden, daß sie sich selbst beim Geschlechtsverkehr fotografierten, um die Bilder anschließend zu verkaufen.

Brady war durch seine Lektüre zu der Ansicht gekommen, eine Art Samurai zu sein, ein Außenseiter der Gesellschaft, ein herausragender Einzelgänger aufgrund seiner Willenskraft und Selbstdisziplin. Mit Myra an seiner Seite hielt er die Zeit für reif, ein Unternehmen zu starten, das sich deutlich abheben sollte von der gewöhnlichen Kriminalität. In einem Brief an die Presse würde Brady im Januar 1990 schreiben, die nun folgenden Verbrechen seien „das Produkt einer existentialistischen Philosophie, gepaart mit der Spiritualität des Todes selbst..."

Interview mit Harold Crowther, Besitzer des 4100 Hektar großen Landes im Saddleworth Moor am Montag, 25.08.1997 auf der Landstraße bzw. vor seinem Haus.

J.H. (Wir fahren im Saddleworth Moor zum einzigen Haus in der Gegend und treffen einen Mann, der gerade in seinen Jeep einsteigen will.) Hallo, Entschuldigung, wir suchen jemanden, der uns hier etwas über die Moormörder erzählen kann.
H.C. Ach so, na dann fahren sie mir mal nach.
(Beide Autos halten plötzlich auf der Landstraße)
H.C. So, da sind wir ...

Diese Lücke links neben dem letzten Haus der Wardle Brook Avenue entstand, als die Nr. 16 - aufgrund der Ereignisse unvermietbar und außerdem Anziehungspunkt des Sensationstourismus - schließlich abgerissen wurde.

J.H. Sie sehen dem pensionierten Chief Superintendent Peter Topping so ähnlich, sind sie das etwa?

H.C. So, so, Sie wollen also auch zu Topping, das wird schwierig. Der ist ja auch schon pensioniert.

J.H. Ich weiß, niemand von offizieller Stelle darf reden und so weiter.

H.C. Naja...Hier oben sucht Mrs. Bennett jedenfalls alle paar Tage nach ihrem Kind ... Und wenn Sie da hoch laufen, dann können sie genau sehen, wo die Polizei gegraben hat. Da ist auch die Stelle, wo die kleine Paulin 1987 gefunden wurde.

J.H. Also, das ist ja sehr nett von Ihnen. Mein Name ist übrigens Jens Haberland von der Presse, und das ist mein Kollege Jürgen Daum, der Fotograf in dieser Mission.

H.C. Sehr angenehm, mein Name ist Harold Crowther und mir gehört das hier alles, soweit Ihr Auge reicht ...

J.H. Ach Sie Ärmster, dann haben die Polizisten und Suchtrupps Ihr ganzes Land zerstört.

H.C. Ach wo! Das Land ist doch nur für meine Schafe da. Das stört mich alles nicht. Und außerdem kann bei mir jeder machen, was er will. Sie sind hier ebenfalls herzlich willkommen. Wollen Sie vielleicht auch ein bißchen graben, dann hol ich mal eben zwei Schaufeln, nicht wahr?

J.H. Wir haben leider zu wenig Zeit, den Satz muß ich viel zu oft sagen ... Aber, dann haben Sie doch sicherlich auch einiges beobachtet, oder?

H.C. Ja, den Ian Brady habe ich hier öfter mit seinem Minivan vorbeifahren sehen, der hat auch öfter mal hier, wie wir gerade, am Wegesrand geparkt. Eines Nachts habe ich ihn im Moor graben sehen, aber ich bin überhaupt nicht auf die Idee geommen, daß da ein Körper liegen könnte. Nun, wie gesagt, helfen Sie sich selbst, und wenn es zu spät werden sollte, dann klingeln Sie einfach auf meinem Hof, ja genau, schau´n Sie doch noch mal vorbei ...

Harold Crowther zeigt auf die Stelle, wo die Polizei im Juli 1987 die Leiche der Pauline Reade ausgrub.

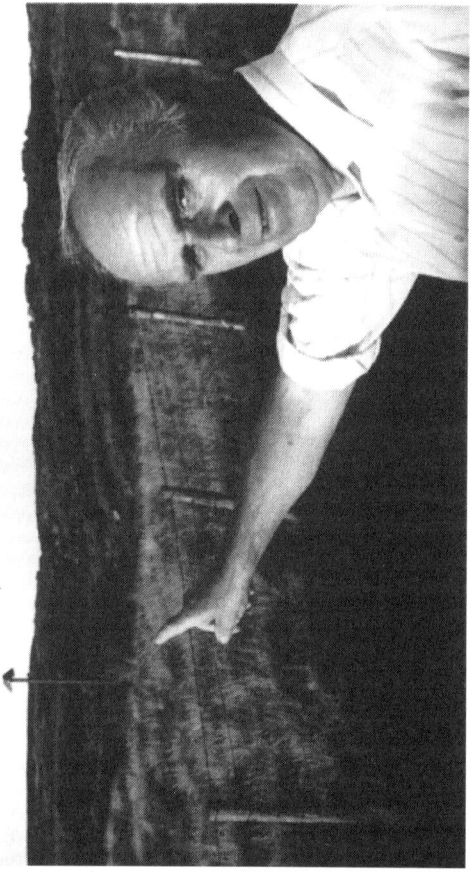

Interview mit Danny Kilbride, dem Bruder des ermordeten John Kilbride, am Dienstag, 26.08.1997, in seinem Haus in Ashton-under-Lyne, Greater Manchester

J.H. Danny, hast du Ian Brady mal gesehen?
D.K. Nein, aber er hat mir geschrieben.
J.H. Was war der Inhalt des Briefes?
D.K. Nun, er weiß, daß ich Myra Hindley töten werde, wenn sie jemals entlassen wird. Er schrieb mir, daß er im Falle ihrer Entlassung weitere Fakten preisgeben würde, woraufhin man sie sofort wieder einsperren müßte. Ich solle also ganz ruhig bleiben. Myra Hindley hat mich übrigens deshalb einmal verhaften lassen, weil ich ihr Leben bedrohe. Sie weiß, daß ich es ernst meine. Zwei Bobbies sperrten mich für eine Nacht ein und nutzten die Zeit, mir zu erklären, daß mich eine solch glaubhafte Drohung in der Presse zehn Jahre hinter Gitter bringen kann.
J.H. Warum richtet sich dein Haß eigentlich hauptsächlich auf Myra Hindley und weniger auf Ian Brady?
D.K. Nun, Brady hat seine Strafe akzeptiert und macht auch keine Versuche, aus dem Gefängnis jemals wieder entlassen zu werden. Hindley hingegen versucht ständig, auf Bewährung entlassen zu werden.
J.H. Hat sich Hindley eurer Familie gegenüber irgendwie geäußert?
D.K. Ja, in der Presse, nie persönlich. Sie sagt, sie hätte mit dem Mord an John nichts zu tun gehabt.
J.H. Erzähl mir von John.
D.K. John war das älteste von uns sieben Kindern. Er verschwand am 23. November 1963 im Alter von zwölf Jahren. Ich war nur zehn Monate jünger als John, und wir beide waren sehr eng miteinander verbunden. Obwohl wir so viele in der Familie waren, habe ich während der zwei Jahre, wo John als vermißt galt, niemandem erlaubt, in seinem Bett zu schlafen. Meine Mutter kaufte nach wie

Das große Grab des Saddleworth Moors

vor Weihnachts-, Geburtstags- und Ostergeschenke für ihn ein, auch sein Platz am Tisch wurde immer gedeckt, bis sie ihn dann am 21. Oktober 1965 kurz nach der Festnahme der beiden Mörder im Saddleworth Moor gefunden haben. Die Zeit darauf wurde sogar noch schlimmer für uns. Meine Mutter nahm sehr starke Beruhigungsmittel und war für viele Jahre nicht mehr ansprechbar. Sie wackelte auf ihrem Stuhl jahrelang nur vor und zurück, ansonsten ging gar nichts mehr. Sie hat sich jetzt beruhigt, aber gerät nach über 30 Jahren immer noch in unkontrollierbare Gefühlsausbrüche, wenn sie darüber reden muß. Deshalb seid ihr ja jetzt auch bei mir.

J.H. Richtig, die Leiterin ihres Altersheims hat uns direkt zu dir geschickt. Danny, wenn du so darüber sprichst, was fühlst du?

D.K. Ich kann rational darüber sprechen, aber ich würde jedem, der mir gegenübersitzt und zufällig auf der Seite derer steht, die Hindley freikriegen wollen, seine Fresse zerschlagen. Und wie gesagt, wenn sie jemals rauskommt, komme ich rein und jeder weiß, daß ich es ernst meine.

J.H. an Dannys Frau Ann: Was denkst du darüber?

Ann: Irgendwie hat er Recht, ich könnte ihn auch gar nicht zurückhalten.

J.H. Aber gibt es denn niemand anderen, der das Problem im Falle ihrer Entlassung „lösen" würde?

Ann und D.K.: Es gibt Hunderte, die das tun würden.

Ann: Als Hindley 1986 zurück ins Moor geführt wurde, waren Hunderte mit Henkersschlingen und Plakaten auf dem Marktplatz.

D.K.: Vor neunzehn Jahren kamen in einem öffentlichen Gebäude zwei Krawattentypen auf mich zu und meinten, sie könnten etwas für mich organisieren, sie hätten gute Connections zum Knast. Ich meinte zu ihnen, daß, wenn, ich es selber tun wolle. Keine Ahnung, wer die waren.

Danny Kilbride, seine Frau Ann und der gemeinsame Sohn in ihrem Haus in Ashton-under-Lyne

J.H.: Wie kommt es, daß sie dich um Erlaubnis fragen?
D.K.: Naja, sie haben nicht um Erlaubnis gefragt, sie wollten nur die Unkosten von 3000 Pfund Sterling nach getaner Arbeit erstattet bekommen.
J.H.: 3000 Pfund sind ja nicht so viel.
D.K.: Nun, es ist neunzehn Jahre her ...
J.H. Brady wurde vom Innenministerium des öfteren als paranoid bezeichnet, weil er der Presse schrieb, daß jemand, von höherer Stelle aus organisiert, versuche, ihn im Gefängnis zu vergiften. Dann lag er vielleicht gar nicht so falsch?
D.K.:(grinsend) Gut möglich! (leicht nickend)
J.H. an Dannys ältesten Sohn (D.a.) gerichtet: Wie alt warst du eigentlich, als du mit diesen Dingen vertraut gemacht wurdest?
D.a.: Zwölf.
J.H.: Vertrittst du die Position deines Vaters?
D.a.: Ja.
D.K.:(mischt sich ein) Wenn ich nicht mehr kann, wird er die Hindley an meiner Stelle töten.
J.H.: Stimmt das, D.a.?
D.a.: Ja!
J.H. Wie alt bist du jetzt, D.a.?
D.a.: Sechzehn.
J.H: Ann, nochmal, würde Hindley morgen früh entlassen werden, und du sähest deinen Mann dabei, wie er nunmehr seine Messer oder vielleicht auch noch andere Waffen vorbereitet, was würdest du tun?
Ann: Gar nichts. Danny weiß, was er zu tun hat und ich kann es ihm nachfühlen. Weißt du, mein Bruder wurde vor vier Jahren auch ermordet. Ich wollte seinen Mörder auch umbringen, habe mich aber nicht getraut. Ich weiß aber, daß Dannys Willen stärker ist als meiner, und daß er Hindley umbringen wird, wenn sie freikommt, und nichts auf der Welt könnte ihn davon abhalten.

J.H.: Moment, dein Bruder wurde auch umgebracht?
Ann: Ja, aber er war schon siebenundzwanzig ...
D.K.: Der Mörder ihres Bruders hatte die Leiche zehn Tage bei sich zu Hause rumliegen und Ann auf der Straße in dieser Zeit noch freundlich gegrüßt.
Ann: Ja, sie waren Freunde, Kingsley Dunn und mein Bruder. Ich kenne Kingsley auch sehr gut, er grüßt mich bis heute jeden Tag. Weißt du, ich bin durch eine ähnliche Sache gegangen wie Danny, nur, daß mein Bruder halt schon 27 war und kein wehrloses Kind mehr.
J.H.: Also Ann, wenn ich das jetzt richtig verstanden habe, hat ein gewisser Kingsley Dunn vor vier Jahren deinen Bruder getötet, die Leiche tagelang bei sich gelagert, wohnt hier in der Nachbarschaft und meint, ein gutes Verhältnis zu dir zu haben?
D.K.: Ja, er wohnt hier hinten über die Straße vier Blocks weiter.
Ann: Ja, ich muß ihn nahezu jeden Tag auf der Straße sehen, wenn er seine Kinder in den Kindergarten bringt oder mit seiner Frau Schuhe kaufen geht.
D.K.: Er hat halt eines Tages beschlossen, seinen besten Freund, der gerade bei ihm übernachtet hat, zu Tode zu treten.
Ann: Ja, ganz genau so muß es gewesen sein, danach haben die Bobbies 10 Tage später sein Haus durchsucht, die Leiche meines Bruders gefunden und ihn verhaftet.
J.H.: Und warum kann Kingsley jetzt Schuhe kaufen gehen, anstatt im Gefängnis zu sitzen ?
Ann: Er hat sich des Totschlags für schuldig bekannt und 15 Monate gekriegt.
D.K.: Ja, der war aber trotzdem gleich wieder draußen, nach einem halben Jahr oder so.
Ann: Ja, das ist britische Justiz, weißt du!
J.H.: Das tut mir leid, also, wenn ich das gewüßt hätte, dann wäre ich vielleicht heute nicht zu euch gekommen.

Ann: Nein, das ist schon O.K., es gehört dazu, J.H., das ist das tägliche Leben, es passiert jeden Tag. Wie gesagt, ich würde eigentlich das gleiche tun, was Danny vorhat, aber er hat halt den stärkeren Willen, was Hindley angeht. *Ann zu ihrem fünfjährigen kleinen Neffen, der sich während des Gesprächs immer wieder im Zimmer aufhält:* Geh raus Kleines, du bist noch zu jung für solche Sachen!

D.K.: Eines Morgens im Dezember 1986 sahen wir die Sieben-Uhr-Nachrichten, wo berichtet wurde, daß Hindley ins Moor geführt wird, um der Polizei zu helfen, die Leiche von Pauline Read und Keith Bennett zu finden. Pauline haben sie ja dann auch gefunden. Ich wußte, daß sich mein Vater, Patrick Kilbride, also auch auf jeden Fall bewaffnet in der Nähe aufhalten würde. Mein Bruder Terry und ich begaben uns also sofort nach Saddlewoth, um ihn zu unterstützen. Wir kamen aber nicht nahe genug an Hindley ´ran. Meinem Vater gelang es zwar, die erste Straßensperre zu passieren. Er wurde aber an der zweiten gestoppt, und ein Polizist schrie ihn an: "Mister Kilbride, wenn Sie nicht sofort stehenbleiben, werden wir das Feuer auf Sie eröffnen, haben Sie das jetzt kapiert?" Die hätten ihn mit Sicherheit über den Haufen geknallt. Ich war zu diesem Zeitpunkt gerade an der ersten Straßensperre, und ein Polizist zog mich runter an sein Autofenster, zeigte mir einen Revolver und meinte zu mir: "Hör mal, wenn du mit deinem Messer nicht nahe genug herankommst, nimm das hier, ich laß es hier liegen, verstehst du?"

J.H.: Danny, du erzählst mir jetzt keinen Mist, oder?

D.K.: Ich schwöre dir, es ist wahr.

J.H.: Warum hast du keinen Gebrauch von der Waffe gemacht?

D.K.: Erstens kam ich überhaupt nicht an Hindley heran. Zweitens bin ich zufrieden, solange sie im Gefängnis sitzt. Mein Vater denkt da anders drüber, er ist jetzt körperlich sehr schwach und kann ihr deshalb nicht mehr wie früher auflauern, aber wenn man ihm heute noch ein Messer gäbe und Hindley mit ihm in ein Zimmer sperrte, dann wäre ihr Leben keinen Penny mehr wert, verstehst du? Ich bin schon zufrieden, wenn sie im Gefängnis ist. Sie war übrigens mal im offenen Vollzug, da ist sie auf der Straße einkaufen gegangen, mit ihrer Geliebten, der Gefängniswärterin Patricia Cairns, die sie von ihrer Unschuld überzeugt hatte. Cairns wurde 1974 zu sechs Jahren Gefängnis verurteilt, weil sie Hindleys Flucht nach Südamerika organisieren wollte, wo sich die Beiden dann ein kleines Liebeshäuschen eingerichtet hätten. Wie dem auch sei, ich habe meinen Vater schließlich aus dem Moor geführt, ihm sein Messer abgenommen und es weggeworfen. Mein Vater schrie noch wie von Sinnen: Ich will sie töten, und das meine ich auch so!

J.H.: Danny, hast du die potentielle Mordwaffe eigentlich schon bei dir hier im Haus?

D.K.: Eine Waffe ist kein Problem, ein Anruf.

J.H.: Ist da noch etwas, was du mir erzählen willst?

D.K.: Naja, Myra Hindley hat zwei weitere Morde eingestanden, wurde aber nie dafür zur Rechenschaft gezogen, weißt du vielleicht, warum?

J.H.: Ich warte erst mal ab, was du meinst.

D.K.: Naja, ich habe mich beim Innenminister erkundigt, warum Hindley für die weiteren Morde, die sie jetzt eingestanden hat, nicht nochmal vor Gericht zur Rechenschaft gezogen wird. Ich habe nur eine kurze Antwort erhalten: "Sehr geehrter Herr Kilbride, alles, was damit zusammenhängt, ist nicht im öffentlichen Interesse."
Weißt du vielleicht, was das heißen soll?

J.H.: *Im folgenden Gespräch wird lediglich spekuliert.*
Nun, Danny, kennst du den Fall Dutroux?

D.K.: Nein.

J.H.: Ein Belgier, der für den Mord an mehreren Kindern verhaftet wurde. Es stellte sich heraus, daß Dutroux Kinderpornos herstellte und die Kinder, bevor er sie umbrachte, Anwälten, Richtern, Polizisten und anderen teilweise hochgestellten Persönlichkeiten zu sexuellen Zwekken entgeltlich zur Verfügung gestellt hatte.

D.K.: Ich verstehe nicht, was versuchst du zu sagen!

J.H.: Nun, könnte es vielleicht sein, daß noch andere Leute, eventuell heutige Größen von gesellschaftlicher Bedeutung in den Fall verwickelt sind?

D.K.: Ich habe schon oft über diesen Brief, den mir Brady aus dem Gefängnis geschrieben hat, nachgedacht. Wie gesagt, schrieb er mir ja in Zusammenhang mit meiner Angst, daß Hindley entlassen werden könnte, daß er in einem solchen Falle noch weitere Fakten enthüllen würde, woraufhin Hindley ganz bestimmt nicht rauskäme. Da muß also noch etliches sein...

J.H.: Auch finde ich es einfach merkwürdig, daß jeder, der an der Gefängnistür von Durham versucht, irgendwie Informationen über Hindley zu bekommen, sofort auf eine Mauer des Schweigens trifft, und keine offizielle Stelle mir in meinen Nachforschungen auch nur etwas entgegengekommen ist. Ganz im Gegenteil ... Es steht ja auch praktisch kein Gebäude mehr, in dem sich Brady und Hindley aufgehalten haben.

Ann: Naja, das Haus in Hattersley haben sie ja abgerissen, weil kranke Leute bis Ende 1980 Steine als Souvenir mitgenommen haben, und außerdem haben alle Leute, die nach 1965 dort gewohnt haben, angeblich Stimmen gehört und hologrammartige Körper an der Wand gesehen und so was halt.

D.K.: Also, wer bestimmt noch mehr weiß, aber schweigt wie ein Grab, das ist ja dieser David Smith, nicht wahr? Weißt du übrigens, daß alles, was diesen Fall betrifft, nun in der Hand der obersten Richter ist, und diese sind ja in der Öffentlichkeit unbekannt, wohingegen die Innenminister ja immer im Rampenlicht stehen. Die sind aber, wie gesagt, gar nicht mehr richtig dran ... Wie auch immer, ich habe bereits im Gefängnis, wo sie mich nach Hindleys Freilassung reintun müßten, vorgesprochen.

J.H.: Und?

D.K.: Sie sagten: Wenn du diese Schlampe umbringst, dann wirst du hier wie ein Lord behandelt. Also, wenn sie je rauskommt, geh ich rein, definitiv!

Aktuelle Anmerkung:

Im September 1997, war in der Ausstellung "Sensation" der Londoner Royal Academy das 3,96 x 3,20 Meter große Portrait „Myra“ des Künstlers Marcus Harvey zu sehen. Das Gemälde, bestehend aus farblichen Abdrükken diverser Kinderhände, stellt Myra Hindley nach einem in den Medien vielgedruckten offiziellen Polizeifoto als jugendliche Blondine dar.

Adolf Seefeldt - ein ungelöstes Rätsel

Weit verstreut im norddeutschen Raum lagen die Orte, an denen in den 30er Jahren sechs Jungen tot aufgefunden wurden. Und doch deutete einiges darauf hin, daß die mysteriösen Todesfälle in einem unmittelbaren Zusammenhang standen. Bis auf einen der Jungen waren sie alle in Kiefernschonungen entdeckt worden, sie alle hatten den unter Kindern damals so beliebten Matrosenanzug getragen, und wie die untersuchenden Mediziner feststellten, wies keiner von ihnen auch nur die geringsten Spuren von Gewaltanwendung auf. Vielmehr erweckten alle sechs Jungen den Eindruck, als seien sie in einen tiefen Schlaf gesunken und nicht wieder erwacht. Erst nachdem im Februar 1935 gleich zwei Jungen aus Schwerin im Abstand von nur einer Woche als vermißt gemeldet worden waren, machte sich die örtliche Staatsanwaltschaft die Mühe, diese unaufgeklärten Todesfälle aufzulisten und miteinander zu vergleichen. Am 18. November 1933 war der zehnjährige Ernst Tesdorf in einem Wäldchen bei Ludwigslust gefunden worden, der ebenfalls zehnjährige Alfred Praetorius am 4. Januar 1934 in der Nähe von Rostock, der neunjährige Hans Korn am 15. Februar 1934 bei Lübeck, der fünfjährige Arthur Dill sowie der sechsjährige Edgar Dittrich am 16. Oktober 1934 in der Nähe von Neuruppin und schließlich der siebenjährige Günther Tieke am 29. Oktober 1934 nahe Oranienburg. Da die zuständigen Ärzte keinerlei Anzeichen einer unnatürlichen Todesursache gefunden hatten, waren die Fälle nicht weiter untersucht worden. Im Vergleich aber waren die Parallelen unübersehbar, und der

Schweriner Staatsanwalt setzte sich sofort mit Kriminalrat Hans Lobbes, dem Leiter der Berliner Mordkommission in Verbindung, um ihm über seine Entdeckung zu berichten. Dort wiederum waren drei weitere vergleichbare Fälle aktenkundig. In den Wäldern um Potsdam waren Spaziergänger auf den nur scheinbar schlafenden achtjährigen Wolfgang Metzdorf gestoßen, den elfjährigen Erwin Wischnewski hatte man in der Nähe von Brandenburg tot aufgefunden, und den zwölfjährigen Knut Gnirks bei Wittenberge.

Mitte März 1935 dann schien es, als habe man den Täter gefaßt. Ein vierzigjähriger Handelsreisender war von Zeugen in der Nähe einiger der Fundorte gesehen worden. Er wurde in Untersuchungshaft genommen und mit den Anschuldigungen konfrontiert, woraufhin er sich in seiner Zelle erhängte. Aber Lobbes mußte schnell einsehen, daß der wahre Täter weiter auf freiem Fuß war, als nämlich kurz darauf der elfjährige Gustav Thomas aus Wittenberge von seinen verzweifelten Eltern als vermißt gemeldet wurde. Zuletzt war der mit einem Matrosenanzug bekleidete Junge in Begleitung eines etwa sechzigjährigen, schwarzgekleideten Mannes mit breitem Filzhut gesehen worden, und wenige Tage später wurde er in einer Kiefernschonung tot aufgefunden. Und wieder gab es keinerlei Anzeichen für einen gewaltsamen Tod. Die Beschreibung des Verdächtigen wurde zur Fahndung ausgeschrieben. Bald meldete sich die Polizei von Bad Doberan, um Lobbes mitzuteilen, daß bei ihnen Anzeige gegen einen Mann namens Adolf Seefeldt erstattet worden war, weil er einen Jungen angesprochen und vergeblich versucht hatte, ihn in eine nahegelegene Kiefernschonung zu locken. Er trage die beschriebene Kleidung, sei ein Uhrmacher, der auf der Suche nach Arbeitsaufträgen von Ort zu Ort ziehe, und habe Bad Doberan leider schon wieder mit unbekanntem Ziel verlassen.

Adolf Seefeldt aber war der Polizei durchaus bekannt, hatte sie doch eine dicke Akte über von ihm begangene Straftaten vorliegen. Vor fünfundsechzig Jahren als das jüngste von neun Kindern geboren, hatte er von klein auf unter der Aggressivität seines Vaters zu leiden gehabt, einem trunksüchtiger Maschinenbauer, der bis zur Scheidung in ständigem Streit lag mit der Mutter, die sich gerne außer Haus mit anderen Männern vergnügte. Als sein Vater zum zweiten Mal geheiratet hatte, war er bei seiner verhaßten Stiefmutter untergebracht worden, hatte sich widersetzt und war früh zum Herumtreiber geworden. Im Alter von zwölf Jahren hatte er seine ersten homosexuellen Erfahrungen gemacht, als er von zwei älteren Männern verführt worden war. Mit fünfundzwanzig dann landete er wegen sexuellen Mißbrauchs eines achtjährigen Jungen erstmals im Gefängnis, wo er mit seinem Kot spielte, an Lähmungen und nervösen Zuckungen litt und schließlich durch ein psychiatrisches Gutachten für schwachsinnig erklärt wurde. Nach seiner Entlassung verübte er zahlreiche weitere Sexualdelikte an Kindern, wurde immer wieder erwischt und verbrachte einen großen Teil seines Lebens in Gefängnissen oder Irrenhäusern. Anhand eines Fotos, das sich in der Polizeiakte fand, konnte die Fahndung nach dem mutmaßlichen Kindermörder nun entscheidend intensiviert werden. Jeder Streifenpolizist in Norddeutschland trug nun das Bild Seefeldts bei sich, Suchtrupps durchstreiften die Wälder, und im April wurde Seefeldt schließlich im Dörfchen Wutzetz von einem aufmerksamen Polizisten erkannt, festgenommen und zu Kriminalrat Lobbes nach Berlin überführt. Von Lobbes persönlich verhört, wies Seefeldt zunächst jede Schuld weit von sich. Als ihm der Kriminalrat aber das Notizbüchlein präsentierte, das die Polizei bei seiner Festnahme in seinem Rucksack gefunden hatte und das sich als eine Art Fahrtenbuch des Wanderarbeiters erweisen sollte, aus dem zweifelsfrei hervorging, daß Seefeldt in allen Fällen in der Nähe der Fundorte der Leichen unterwegs gewesen war, rang er sich schließlich zu einem Teilgeständnis durch. Er gab zu, alle zehn Kinder in den Wald gelockt, und sich an ihnen vergangen zu haben.

Am 16. Februar 1935, einem kalten, verschneiten Samstag, hatte er den Jahrmarkt in Schwerin aufgesucht. Einen Ort, an dem er sich, wie er wußte, unauffällig im allgemeinen Trubel bewegen und nach einem hübschen Jungen umsehen konnte. Und wenn das Kind dann auch noch einen Matrosenanzug tragen würde, wäre der Reiz vollkommen. Tatsächlich, als Seefeldt an der Reitbahn vorüberkam, stieg soeben ein Junge im blauen Kostüm, das Seemannskäppchen auf dem vor Aufregung geröteten Kopf, von einem der stoisch ihre Bahn ziehenden Esel. Seefeld ging auf ihn zu, sprach ihn an, erzählte ihm, daß er seine Liebe zu Tieren teile, und gewann auf diese Art schnell das Vertrauen des Kindes. Der Kleine erzählte ihm, wie sehr er sich ein eigenes Tier wünsche. Als Seefeldt den Vorschlag machte, ihm dabei helfen zu wollen, ein Kaninchen zu fangen, willigte der elfjährige Junge, der sich inzwischen als Hans-Joachim vorgestellt hatte, begeistert ein und folgte Seefeldt in den nahegelegenen Wald. Ein Kaninchen aber sollte Hans-Joachim nicht zu Gesicht bekommen. Als er nach einer ausgiebigen Wanderung klagte, er sei so schrecklich müde, rollte Seefeldt eine Decke auf dem Waldboden aus und riet ihm, sich ein wenig auszuruhen. Laut Seefeldt sei Hans-Joachim dem Rat gefolgt, sei bald darauf eingeschlafen, und er selbst habe den Wald wieder verlassen. Genauso sei es mit all den anderen Jungen gewesen, was genau er mit ihnen im Wald angestellt habe, darüber wolle er nicht sprechen, ermordet aber habe er keinen einzigen, das lasse er sich nicht anhängen.

Trotzdem hatte Lobbes keinen Zweifel, den Mörder der Kinder vor sich zu haben. Weitere Fälle ermordeter Jungen wurden nun aufgerollt, und am 21. Februar 1936 wurde Adolf Seefeldt, nachdem ihn die Gestapo verhört und er unter grausamen Folterungen gestanden hatte, zwölf Jungen vergiftet zu haben, zum Tode verurteilt und hingerichtet.

Führende Gutachter aber wie der erfahrene Berliner Toxikologe Prof. Brüning sollten später bestreiten, daß der rätselhafte Tod der Jungen mit einer Vergiftung zu erklären sei, da diese mit schmerzhaften Krämpfen verbunden sei, die man in Ausdruck und Haltung der Leichen hätte feststellen müssen. Andere wiederum beharrten auf ihrer Hypothese, Seefeldt habe die Jungen erwürgt, was aber angesichts der Tatsache, daß keinerlei Würgemale festgestellt wurden, ebenso unwahrscheinlich klingt. So ist die Frage, auf welche Art und Weise Adolf Seefeldt mindestens zehn Jungen getötet hat, als ein für immer ungelöstes Rätsel in die Kriminalgeschichte eingegangen.

Der Kannibale

An einem Sonntag, dem 21. Dezember 1924, wanderte der arbeits- und wohnungslose Steinhauer Vincenz Olivier durch die schlesische Kleinstadt Münsterberg. Er klingelte an den Türen und bat um etwas Geld oder auch etwas zu essen. Hier und da bekam er eine Kleinigkeit zugesteckt, aber den meisten Menschen ging es in diesen Jahren der Armut und des Hungers selbst viel zu schlecht, um auch nur eine Kleinigkeit entbehren zu können. Nachdem ihm eine freundliche Passantin zwei Groschen zugesteckt hatte, verwies sie ihn an einen Mann in der Teichstraße Nr. 10 am Rande des Städtchens. Papa Denke sei ein guter Mann, erklärte sie Olivier. Selber arm, aber immer bereit zu geben. Dort solle er es ruhig einmal versuchen. Olivier zögerte nicht, machte sich voller Hoffnung auf den Weg und klopfte kurz darauf an Karl Denkes Tür. Ein kleiner kräftiger Mann mit gepflegtem Schnurbart, etwa sechzig Jahre alt, das schüttere Haar ergraut, öffnete ihm die Wohnung, hörte sich sein Anliegen an und bat ihn sogleich mit einem liebenswürdigen Lächeln hinein. Er sitze gerade am Mittagstisch, und der Herr möge sich doch zu ihm setzen und mit ihm speisen. Ob ihm denn gepökeltes oder vielleicht doch gekochtes Fleisch lieber sei, wurde Olivier noch von dem netten Herrn gefragt. Man kann sich seine Überraschung und Vorfreude wohl vorstellen, wenn man bedenkt, daß ein Kilo Fleisch in den Zeiten der grenzenlosen Inflation mindestens eine Milliarde Mark kostete! Nachdem die beiden ausgiebig gespeist hatten, bat Denke seinen Gast um einen kleinen Gefallen. Er habe einen Brief zu schreiben, was ihm aufgrund seines Gelenkrheumas aber leider sehr schwer falle. Wenn er ihm diktieren dürfe, vielleicht wäre der Herr so nett ...

Olivier erklärte sich gerne bereit, schob den Teller beiseite, und Denke reichte ihm Papier und Bleistift und lief hinter seinem Rücken auf und ab, offensichtlich auf der Suche nach den richtigen Worten. „Adolf, du dicker Wanst“, begann er schließlich, und Olivier konnte sich ein Lachen nicht verkneifen. Er vermutete einen Scherz, drehte sich um und bekam so gerade noch rechtzeitig mit, wie eine Spitzhacke auf ihn niedersauste. Er riß den Kopf zur Seite, wurde schmerzhaft an der Schläfe getroffen, sprang auf und riß Denke die Hacke aus der Hand. Dann rannte er in Panik zur Tür, Denke versuchte ihn festzuhalten, wollte ihm die Hacke wieder abnehmen, aber da hatte Olivier die Tür schon geöffnet und schrie aus vollem Hals um Hilfe. Zwei junge Männer, die im Treppenhaus unterwegs waren, eilten herbei, woraufhin sich Denke in seine Wohnung zurückzog und die Tür hinter sich schloß. Befragt, was denn los sei, antwortete der völlig verwirrte Olivier, der alte Mann habe ihn umbringen wollen. Er zeigte ihnen die Spitzhacke, dann auch das Blut an seinem Kopf, aber es nützte nichts. Die Männer glaubten ihm kein Wort. Papa Denke sei ein braver Mann, der tue doch keiner Fliege etwas zuleide. Aber Olivier blieb stur, und schließlich erklärten sich die beiden bereit, ihm in Denkes Wohnung zu folgen, um die Sache aufzuklären. Karl Denke aber war vorbereitet. Er habe den Bettler verköstigt, und der habe ihn zum Dank bestehlen wollen, behauptete er. So habe er sich mit der Hacke zur Wehr setzen müssen. Die Geschichte schien den Männern plausibel. Sie packten Vincenz Olivier an den Armen und zerrten ihn zur örtlichen Polizeistation. Auch dort wurde ihm keinerlei Glauben geschenkt. Papa Denke sei ein anständiger Bürger, der sich noch nie etwas habe zuschulden kommen lassen. Am nächsten Tag wurde Vincenz Olivier vor Gericht gestellt und wegen Bettelns und Landstreicherei angeklagt. Er wehrte sich verzweifelt gegen eine Verurteilung, beteuerte immer wieder seine vollkommene Unschuld, und schließlich gelang es ihm, den Richter zu überzeugen. Karl Denke wurde verhaftet. Während die Polizei noch damit beschäftigt war, seine Wohnung zu durchsuchen, fand man Karl Denke nur wenige Stunden nach seiner Festnahme tot in seiner Zelle auf. Er hatte sich aus seinen Hosenträgern eine Schlinge geknüpft und sich am Fenstergitter erhängt. So blieb es ihm erspart, mit den grausigen Funden in seiner Wohnung konfrontiert zu werden. Was die Beamten dort entdecken mußten, waren mehrere Fässer voller gepökeltem Fleisch. In anderen Kübeln war das noch rohe Fleisch als die Brust und das Gesäß eines Mannes zu erkennen, in verschiedenen Töpfen schwamm Fett. Dazu wurde ein Beil gefunden und eine Säge, mehrere Fleischmesser, eine Waage, etliche Kleidungsstücke unterschiedlicher Größe, verschiedene Ausweise von Wanderarbeitern und registrierten Bettlern und ein Notizbuch, in dem Karl Denke insgesamt dreißig Mordtaten penibel mit Tatzeiten, Namen, Berufen, Geburtsdaten und Gewicht der Opfer notiert hatte. In zwei Blechbüchsen fanden sich 420 menschliche Zähne. Der herbeigerufene Mediziner stellte zweifelsfrei fest, daß es sich bei dem gefundenen Fleisch ausnahmslos um Menschenfleisch handelte. Insgesamt 480 männliche Körperteile, ausgekochte Knochen, Rippen und Schädel wurden entdeckt, und plötzlich fanden sich sehr schnell mehrere Einwohner Münsterbergs, denen schon seit längerem aufgefallen war, daß der als armer, aber doch rechtschaffener Bürger geltende Karl Denke nicht nur Unmengen von Fleisch zu sich genommen, sondern auch des öfteren Eimer voller Blut in den Gully geschüttet und immer wieder riesige Fleischmengen in den Schuppen hinter dem Haus getragen habe, in Zeiten, in denen sich die meisten Menschen überhaupt kein Fleisch mehr leisten konnten. Auch sei des öfteren dieser ekelerregende Aasgeruch aus Denkes Fenstern gedrungen, und einer seiner Nachbarn behauptete nun plötzlich, Denke habe einmal versucht, ihn zu erwürgen. Die Beweislage lies keinen anderen Schluß zu, als daß Denke mindestens dreißig Männer verschiedensten Alters ermordet, zerstückelt und zum großen Teil gekocht und selber verzehrt, beziehungsweise seinen Gästen aufgetischt hatte.

Karl Denke wurde als der dritte Sohn einer Bauernfamilie geboren und wuchs in geordneten Familienverhältnissen auf. Von äußerst niedriger Intelligenz, hatte er große Schwierigkeiten, sich zu artikulieren, und wurde nicht nur von seinen Mitschülern, sondern auch von seinen Lehrern verspottet und gedemütigt. So haßte er die Schule verständlicherweise, zog sich mehr und mehr in sich selbst zurück, wurde zum wortkargen Außenseiter mit ausgeprägten autistischen Zügen. An eine Berufsausbildung war nicht zu denken, und so half er nach nur wenigen Schuljahren im landwirtschaftlichen Betrieb seiner Eltern. Nachdem Vater und Mutter innerhalb kurzer Zeit verstorben waren, lebte er für eine Weile bei seinen Geschwistern, die wenig Verständnis für den ´Idioten` aufbrachten und schließlich erfolglose Anstrengungen unternahmen, ihn entmündigen zu lassen. Nun endgültig vereinsamt, bezog er die Einzimmerwohnung in der Teichstraße, lebte vom Körbeflechten und erwarb sich den Ruf eines fleißigen zurückhaltenden Mannes, den man niemals wütend erlebte, der vielmehr als gutmütig und jederzeit hilfsbereit galt. Wenn man über ihn spottete, dann allein wegen seiner ungeheueren Freßsucht, die mit einem vollkommenen Mangel an menschlicher Zuwendung durchaus zu erklären wäre. Wie dieser Mann aber zum Kannibalen werden konnte, darüber haben sich eine ganze Reihe von Psychologen den Kopf zerbrochen. So vermutete Dr. Pietrusky in Karl Denke einen debilen Psychopathen, den sexuelle Perversion zum Mörder habe werden lassen. Als Beleg für seine These führte er an, daß man konservierte Brustwarzen und Genitalien bei ihm gefunden hatte und beendete seinen ausführlichen Kommentar mit den Worten: „Hier der duldsame, friedfertige gutmütige alte Sonderling, dort die mordgierige Bestie ... Nach allem aber werden wir in Denke nicht das verabscheuungswürdige Ungeheuer sehen müssen, sondern einen Unglücklichen, der nach Gesetzen seines Daseins Kreise vollenden mußte.“

Das Goldkind

„Natürlich hatte ich den Wunsch, die Vorstellung, von zu Hause fortzugehen, einfach weglaufen zu müssen. Was mich hauptsächlich davon abhielt, war, um es frei heraus zu sagen, mein sogenannter ´Generalplan`, den ich mir ohne den Stollen einfach nicht denken konnte. Er war einfach ein Teil, ein großer Teil meines Lebens geworden, wenn man es unbedingt Leben nennen will.“

Jürgen Bartsch

Jürgen Bartsch wurde am 6. November 1946 in den Städtischen Krankenanstalten in Essen geboren. Seine Mutter, Anna Sadrozinski, litt zu der Zeit an Tuberkulose und verstarb kurz nach der Entbindung. Das Kind, das zunächst den Namen Karl-Heinz erhalten hatte, verbrachte als Folge dieser von Anfang an unglücklichen Umstände das erste, so entscheidend prägende Lebensjahr unter hoffnungslos überlasteten, zur liebevollen Zuwendung kaum fähigen Schwestern im Krankenhaus, bis sich schließlich doch noch Adoptiveltern für ihn fanden. Das Fleischerehepaar Bartsch, das kinderlos geblieben war, nahm den Jungen in ihr Haus im Städtchen Langenberg auf, aber viel Zeit hatten sie nicht für ihn übrig, da das Geschäft ihre ganze Energie beanspruchte. So hielt sich Jürgen, wie er nun genannt wurde, überwiegend bei seiner Großmutter auf. Im Alter von elf Jahren wurde er in ein Heim nach Rheinbach abgeschoben und ein Jahr später dann auf ein katholisches Internat in Marienhausen geschickt, wo er, während er mit einer fiebrigen Erkältung das Bett hütete, vom Chorleiter, einem Pater Pütlitz,

Finkenstraße Nr. 4 in Velbert/Langenberg, Siedlung "Glaube und Tat" Das ehemalige Wohnhaus der Familie Bartsch. Erst kürzlich verkaufte der Adoptivvater seinen Anteil und verzog. Aus naheliegenden Gründen geben wir seinen neuen Wohnort nicht bekannt.

sexuell mißbraucht wurde. Jürgen fühlte sich einsam, den Mitschülern unterlegen, war kontaktscheu, wurde gehänselt und verlacht, bis er schließlich seine Verzweiflung nicht länger ertrug und gemeinsam mit einem Schulkameraden namens Detlef davonlief. Sie marschierten einen unbeobachteten Bahndamm entlang, als Jürgen, dem seine homosexuelle Veranlagung seit längerem bewußt war, das zwanghafte Verlangen packte, den Freund vor einen herannahenden Zug zu stoßen, um sich anschließend an der Leiche zu vergehen. Der ahnungslose Detlef aber konnte den Schubs im allerletzten Moment abwehren. In Langenberg angekommen, hatten Jürgens Pflegeeltern zu seiner grenzenlosen Enttäuschung keinerlei Einsehen mit ihrem ´Goldkind`, wie sie ihn zu nennen pflegten, und schickten ihn zurück ins Internat. Sehr viel später würde Jürgen Bartsch einmal sagen: „Es gibt wenige Eltern, die ihr Kind so sehr liebten, so sehr ins Herz geschlossen haben. Doch die richtige, die helfende Liebe, die ein Kind braucht, die konnten sie mir nicht geben.“. Eine schwere Infektion von Hirnnerven und Rückenmark, die sich Jürgen im Alter von vierzehn Jahren zugezogen hatte, verstärkte seine Introvertiertheit. Sein zuvor durchaus vorhandener schulischer Ehrgeiz ließ schlagartig nach, und mit Beendigung der achten Klasse nahmen ihn die Eheleute Bartsch wieder bei sich auf, ohne der Veränderung des Jungen auch nur die geringste Beachtung zu schenken. Jürgen erlernte widerwillig den Beruf des Metzgers, da er aber laut eigener Aussage außerstande war, die Tiere zu schlachten, da sie ihm leid taten, wenn sie ihn aus großen Augen treuherzig anschauten, und er den Anblick des Blutes nicht mochte, stand er bald nur noch hinter dem Ladentresen und kümmerte sich

An diesen Bahngleisen zwischen dem Internat Marienhausen bei Rüdesheim und St. Goarshausen versuchte der junge Jürgen Bartsch, seinen Schulkameraden Detlef vor einen herannahenden Zug zu stoßen.

um den Verkauf. Diese Beschäftigung ermöglichte es dem jungen Mann, der von den Kunden später als ein freundlicher und gutgelaunter Verkäufer beschrieben wurde, immer wieder kleinere Geldbeträge beiseite zu schaffen, mit denen er gleichaltrige Jungen für ihre Bereitschaft zum homosexuellen Verkehr entlohnte. Schnell aber sollte er feststellen, daß es vor allem jüngere Knaben waren, die ihn besonders reizten. Kurz nach seiner Rückkehr nach Langenberg hatte Jürgen unterhalb der auf einem Hügel gelegenen Siedlung ´Glaube und Tat`, zu der das Haus der Familie gehörte, einen ehemaligen Luftschutzbunker entdeckt. Gerne hatte er sich in seiner Freizeit hierher zurückgezogen, hatte Kerzen entzündet und sich sicher und geborgen gefühlt. Nun aber lockte er immer öfter kleine Jungen in den Stollen und zwang sie unter Schlägen und Drohungen zum Sex. Gewalt und Macht bedeuteten ihm Lustgewinn, und es war nur eine Frage der Zeit, bis er die Brutalität weiter steigern würde.

Am 18. Juni 1966 sprach der mittlerweile neunzehnjährige Jürgen Bartsch in Wuppertal-Elberfeld den fünfzehnjährigen Peter Freese auf der Straße an und erzählte ihm, er sei Detektiv und auf der Suche nach gestohlenen Diamanten. Wenn Peter ihn dabei unterstütze, könne er sich fünfzig Mark verdienen. Zunächst aber spendierte Bartsch dem Jungen in einem nahegelegenen Lokal eine Mahlzeit und nutzte die Gelegenheit, um ein Taxi zu rufen. Die anschließende Fahrt führte die beiden nach Langenberg, wo Bartsch dem Jungen den Luftschutzbunker zeigte und erklärte, hier irgendwo seien die Diamanten verborgen. Dann schob er Peter hinein, entzündete eine Kerze, und als sie einen tief im Inneren gelegenen Seitenstollen erreicht hatten, stürzte sich Bartsch auf sein

Das ehemalige Internat und heutige Kinderheim Marienhausen ist auch jetzt noch ein Ort, von dem man flüchten möchte: Im Zuge unserer Arbeiten wurden wir hier von den Erziehern beleidigt und von den Kindern mit Steinen beworfen.

entsetztes Opfer, schlug und trat ihn, riß ihm die Kleider vom Leib, warf sich auf ihn, bemühte sich vergeblich, ihn zu vergewaltigen, mißhandelte ihn weiter, fesselte ihn schließlich und onanierte über ihm. Nachdem er dem wimmernden Jungen erklärt hatte, er sei bald zurück, und dann würde er ihn töten, verließ Bartsch den Stollen, fuhr nach Hause, aß zu Abend, schaute gemeinsam mit den Eltern fern und legte sich schließlich zu Bett, nicht ohne den Wecker auf Mitternacht gestellt zu haben. Als er aber spät in der Nacht zum Bunker zurückkehrte, um, wie er es sich genüßlich ausgemalt hatte, den Jungen bei lebendigem Leibe aufzuschneiden, war Peter verschwunden. Irgendwie hatte er es trotz seiner Verletzungen geschafft, an die Kerze heranzurobben, die Fesseln über der Flamme durchzubrennen und zum nächstgelegenen Haus zu laufen, dessen Bewohner sofort die Polizei alarmierten.

Beamte einer Sonderkommission der Kripo in Essen, die noch immer vergeblich mit den Fällen mehrerer verschwundener Jungen beschäftigt waren, durchsuchten den Stollen und stießen auf vier entsetzlich zugerichtete, zerstückelte und zum Teil ausgeweidete Kinderleichen, die bald darauf als die der beiden zwölfjährigen, 1965 verschwundenen Ulrich Kahlweiß und Rudolf Fuchs und die des schon seit vier Jahren vermißten, damals achtjährigen Klaus Jung identifiziert wurden. Die Polizei bat die Bevölkerung um Hinweise, die zur Ermittlung des unbekannten Täters führen könnten. Zwei Tage darauf meldete sich ein Mann aus Langenberg und berichtete der Polizei, sein Sohn Frank sei vor 5 Jahren von dem Langenberger Metzgersohn Jürgen Bartsch in den erwähnten Bunker gelockt, bedroht, geschlagen und sexuell mißbraucht worden. Schon damals habe er den Mann ange-

Der Bunker unterhalb der Siedlung "Glaube und Tat". Hier fand die Polizei im Sommer 1966 teilweise entstellten Kinderleichen. Kurz darauf wurde der Eingang zugemauert, man ließ im Mauerwerk lediglich ein Loch für die heimischen Fledermäuse.

zeigt, die Polizei aber habe Bartschs Version von einer harmlosen Prügelei geglaubt und ihn laufen lassen. Nachdem die Kripo den aktenkundigen Vorfall überprüft hatte, wurde Jürgen Bartsch auf der Stelle festgenommen.

Es dauerte nicht lange, und er gestand freimütig, die vier Jungen ermordet zu haben. Er wisse, daß er schwere Schuld auf sich geladen habe, aber ein innerer Zwang, ein unkontrollierbarer Trieb sei stärker als er selbst gewesen. Mehrere psychiatrische Gutachten erklärten Bartsch für voll verantwortlich für seine Taten, und so wurde er am 15. Dezember 1967 wegen vierfachen Mordes zu lebenslanger Haft verurteilt. Jürgen Bartsch ging in die Revision, und am Ende des zweiten Prozesses, am 6. April 1971 wurde das Urteil in zehn Jahre Jugendstrafe und seine Einweisung in die geschlossene Abteilung des Landeskrankenhauses Eickelborn umgewandelt. Aus der Heilanstalt schrieb Bartsch immer wieder verzweifelte Briefe, in denen er sich über mangelhafte Therapieversuche beklagte. Sein Trieb sei nach wie vor überwältigend und von den schrecklichsten Phantasien geprägt. Nach mehreren Selbstmordversuchen beantragte Jürgen Bartsch schließlich seine Kastration. Der Antrag wurde bewilligt und der Eingriff von Dr. Josef Hollerbeck vorgenommen. Der achtundfünfzigjährige Chirurg verwendete einen falschen Verdampfer am Narkosegerät, und die daraus resultierende Überdosis des Narkosemittels führte am 28. April 1976 zum Tode von Jürgen Bartsch.

Katernberger Straße in Essen. Das Haus, in dem einst die Metzgerei der Familie Bartsch untergebracht war, wurde aus wirtschaftlichen Gründen abgerissen und neu aufgebaut. Hier befindet sich heute eine Arztpraxis.

In dieser Idylle des schönen Langenbergs wuchs Jürgen Bartsch bis zu seiner "Abschiebung" ins Internat auf.

´Warte, warte nur ein Weilchen ...`

In den Jahren nach dem 1. Weltkrieg war Hannover, eine wie ganz Deutschland von Armut und Hunger gezeichnete Stadt, zu einem Zentrum der Kriminalität, der Schwarzmärkte und der Prostitution geworden. Von überall strömten Menschen herbei, ohne Arbeit und ohne Wohnung, aber in der Hoffnung, dem noch größeren Elend und der Aussichtslosigkeit ihrer ländlichen Herkunft zu entkommen. Im Jahre 1924 machte zu allem Überfluß auch noch das Gerücht von einem Serienmörder die Runde. Am Ufer der Leine waren fünf menschliche Schädel gefunden worden, und kurz darauf schleppten im Morast spielende Kinder einen Sack mit menschlichen Knochen zur Straße hinauf. Man vermutete zunächst, hier hätten sich einige Medizinstudenten einen üblen Scherz erlaubt, aber bei genauerer Untersuchung der Funde stellte man fest, daß noch einige Fleischreste an den Knochen hingen, die ansonsten mit einem scharfen Gegenstand fein säuberlich abgekratzt worden waren. Die Polizei suchte die Umgebung der Fundorte ab und hatte nach kurzer Zeit nicht weniger als fünfhundert zerstückelte menschliche Körperteile gesammelt, die, wie die medizinische Untersuchung ergab, zu insgesamt einundzwanzig Körpern junger Männer gehörten, von denen der jüngste zum Zeitpunkt seines Todes gerade einmal um die elf Jahre alt gewesen war. Bald meldeten sich erste Zeugen, die behaupteten, einen Mann dabei beobachtet zu haben, wie er einen großen Sack in die Leine geschleudert habe, während andere einen Mann von vergleichbarer Erscheinung beschrieben, der sich regelmäßig am Bahnhof herumtreibe und junge Männer abschleppe. Vierzig bis fünfzig Jahre alt, mittelgroß und rundlich, besonderes Erkennungszeichen ein typisches Bärtchen unter der Nase. In den Kreisen der Polizei herrschte blankes Entsetzen. Als der Verdächtige identifiziert wurde, handelte es sich doch um niemand anderen als einen ihrer inoffiziellen Mitarbeiter, Fritz Haarmann, der gemeinsam mit einem ihrer Offiziere ein Detektivbüro namens Lasso Agentur betrieb. Würde sich der Verdacht erhärten, konnte das reichlich peinlich werden. So beschlossen einige höhere Beamte, zunächst einmal zwei junge Polizisten aus Berlin auf Haarmanns Spur zu setzen und ihn beschatten zu lassen.

Am 23. Juni 1924 aber erschien Haarmann auf einer Wache und beschwerte sich darüber, daß man dort einen fünfzehnjährigen Jungen namens Kurt Fromm festhielt, weil er mit gefälschten Papieren aufgegriffen worden war. Nach seinem Verhältnis zu Haarmann befragt, erzählte der Junge, er habe einige Nächte in Haarmanns Wohnung verbracht und dort mehrmals homosexuellen Verkehr mit ihm gehabt, wobei es vorgekommen sei, daß Haarmann ihm ein Messer an den Hals gehalten und ihn grinsend gefragt habe, ob er sich fürchte. Nun nahm die Polizei auch Fritz Haarmann in Gewahrsam, durchsuchte seine schäbige, kleine Wohnung in der Neuen Straße Nr. 8 und fand jede Menge Blutspuren sowie einige Kleidungsstücke, die aufgrund der Größe keinesfalls Haarmann selbst gehören konnten, darunter ein Hemd des vermißten sechzehnjährigen Robert Witzel. Fritz Haarmann wurde ins Kreuzverhör genommen, bestritt aber eisern, einen Robert Witzel zu kennen, und beharrte auch nach Tagen noch auf seiner Erklärung, daß er sich ein

Hannover Hauptbahnhof. Hier lernte Fritz Haarmann seine späteren Opfer kennen.

Zubrot als Altkleiderhändler und ein weiteres als Schlachter verdiene, und überhaupt leide er immer wieder unter ganz fürchterlichem Nasenbluten.

Am nächsten Tag, einem Dienstag, dem 24. Juni, wurde in der Feldmark Garbsen am Ufer der Leine ein Kopf gefunden und von Georg Witzel, Roberts Vater, als der seines Sohnes identifiziert. Wie es der Zufall wollte, kam dem Ehepaar Witzel beim Gang durch die Polizeistation ein junger Mann entgegen, dessen Jacke und Weste von der entgeisterten Frau Witzel als Kleidungsstücke ihres Sohnes erkannt wurden. Auf ihre Fragen hin berichtete der Träger, ein Junge namens Theodor Hartmann, der Sohn von Haarmanns Vermieterin, habe Haarmann die Sachen für fünf Mark abgekauft. Er könne sich erinnern, in den Taschen die Ausweispapiere eines Robert Witzel gefunden zu haben. Die aber habe er längst zerrissen.

Fritz Haarmann wurde aus seiner Zelle geholt und mit der neuen Beweislage konfrontiert, woraufhin er zusammenbrach und gestand, mehrere junge Männer während des Beischlafs ermordet zu haben. Es sei einfach über ihn gekommen. Irgendein krankhafter Zwang habe ihn dazu getrieben, ihnen in die Gurgel zu beißen und sie zu erwürgen. So sei er selbst es gewesen, der der Polizei einen anonymen Hinweis auf den illegal reisenden Kurt Fromm gegeben habe, aus purer Angst, er könne ihm eines Tages das gleiche antun.

Nach einigen weiteren Tagen des intensiven Verhörs, während dessen Haarmann immer wieder abwechselnd von Weinkrämpfen und heftigen Wutausbrüchen geschüttelt wurde, führte er die Beamten schließlich an den Tatort seines letzten Verbrechens, ein abgelegenes Baugrundstück, wo er ihnen das Skelett seines letzten Opfers, des

An dieser Pferdetränke am Ufer der Leine, unweit von Haarmanns Wohnung, wurden 1924 erstmals menschliche Schädel gefunden. Gegenüber befand sich die Neue Straße, die im 2. Weltkrieg zerstört wurde. Hannovers heutige Neue Straße liegt in einem anderen Stadtteil.

sechzehnjährigen Eric de Fries zeigte. Auf die Frage, wieviele Männer er insgesamt ermordet habe, antwortete Haarmann mit einem Achselzucken: „Vielleicht dreißig oder vierzig...“. Nach einigen Wochen der fortgesetzten Vernehmung hatte die Staatsanwaltschaft genügend Beweise gesammelt, um Fritz Haarmann wegen siebenundzwanzigfachen Mordes vor Gericht zu stellen.

Friedrich Heinrich Karl Haarmann wurde am 25. Oktober 1879 als das jüngste von sechs Kindern geboren. Sein Vater, der pensionierte Bahnarbeiter Karl Friedrich Haarmann, war ein gewalttätiger Mann, der dem Alkohol verfallen war und seinen von der Mutter verwöhnten Sohn wegen seiner femininen Züge nicht ausstehen konnte. Seine Frau Johanne, geb. Claudius, hatte ein bescheidenes Vermögen, eine kleine, durchaus florierende Zigarrenfabrik, mit in die Ehe gebracht, was ihren undankbaren Mann aber nicht daran hinderte, sich vor ihren Augen mit Prostituierten zu vergnügen.

Fritz, der seinen Vater schon sehr bald zu hassen gelernt hatte, spielte am liebsten mit Puppen, hatte aber auch großes Vergnügen daran, seine Schwestern zu fesseln, bis sie ihm verschnürt und hilflos zu Füßen lagen. Noch im Kindesalter litt er an einer schweren Meningitis, und wie sich bei der Untersuchung seines Gehirns nach seinem Tod herausstellen sollte, dürfte die Krankheit sowie ein heftiger Schlag auf den Kopf, den er während seiner Schulzeit abbekommen hatte, zu dauerhaften, den Charakter nicht unwesentlich beeinflussenden Schäden geführt haben.

Im Alter von siebzehn Jahren wurde Haarmann beschuldigt, mehrmals Kinder in Hausflure oder Keller gelockt und sich ihnen unsittlich genähert zu haben. Ein ärztliches Gutachten verschwieg die Meningitis, beschrieb die attestierte Idiotie als angeboren, und Haarmann wurde in eine geschlossene Anstalt in Hildesheim eingewiesen. Nach mehreren Ausbruchsversuchen wurde er ins besser gesicherte Stadtkrankenhaus von Hannover verlegt, bald darauf wieder zurück nach Hildesheim, und von dort gelang ihm schließlich die Flucht. Er konnte sich in die Schweiz absetzen, wo er für eine Weile auf einer Werft arbeitete, bevor er schließlich unerkannt nach Hannover zurückkehrte. Im Jahre 1900 lernte Haarmann ein Mädchen namens Erna kennen. Die beiden verlobten sich, aber als Erna feststellte, daß sie von ihm schwanger war, hatten sich ihre Wege schon wieder getrennt. Haarmann trat seinen Dienst in der Armee an, wo er durchaus als ausgezeichneter Soldat gelobt wurde, bis er während eines Gewaltmarsches Schwindelanfälle bekam und über heftige Kopfschmerzen klagte. Nach der eingehenden Untersuchung durch den Militärarzt wurde Haarmann zum zweiten Male Schwachsinn bescheinigt, und er wurde aus der Armee entlassen.

Zurück in Hannover hatte Haarmann sein erstes homosexuelles Erlebnis, nachdem ihn der vierzigjährige Adolf Meil auf dem Rummelplatz angesprochen und zu sich nach Hause eingeladen hatte. Die beiden wurden ein Paar und sollten über viele Jahre hinweg, bis zu Meils Tod im Jahre 1916, in Verbindung bleiben.

Nach einer kurzen Zeit der Beschäftigung als Hilfsarbeiter in einer Farbenfabrik ging Haarmann dazu über, sich mit Einbrüchen und Diebstählen über Wasser zu halten, die ihm schließlich die erste von vielen, über die Jahre verteilten Gefängnisstrafen einbrachten. Nachdem er die Haft verbüßt hatte, half er gelegentlich bei einer

Desinfektionsfirma aus, die sich darauf spezialisiert hatte, den Angehörigen soeben Verstorbener einzureden, deren Räume benötigten eine besonders gründliche Säuberung. Nebenbei setzte Haarmann seine Karriere als Einbrecher fort, und als er 1918 wieder einmal aus dem Gefängnis entlassen worden war, war der Erste Weltkrieg vorbei. Haarmann fand eine Situation vor, die wie prädestiniert schien für seinen weiteren Werdegang. Er engagierte sich auf dem Schwarzmarkt, dessen Mittelpunkt der Hauptbahnhof war, freundete sich mit Prostituierten, Zuhältern und Ganoven an und nutzte seine Kontakte, um der Polizei immer wieder hilfreiche Tips zukommen zu lassen, bis er von ihr als eine Art inoffizieller Mitarbeiter angesehen und entsprechend honoriert wurde. Gleichzeitig war die Bahnhofsgegend der ideale Ort, um junge Männer anzusprechen, die hier tagtäglich in großer Zahl orientierungslos strandeten. Sobald Haarmann einer der Neuankömmlinge gefiel, versprach er ihm eine Mahlzeit und ein Bett für die Nacht. Nicht wenige waren bereit, den verlangten Preis, die gegenseitige orale Befriedigung, zu bezahlen. Konnten sie doch nicht ahnen, welch ungeheuere Lust es ihrem Gastgeber bereitete, seinem Sexualpartner im Moment höchster Erregung in die Luftröhre zu beißen. Manche seiner Opfer sind erstickt, anderen hatte er die Gurgel regelrecht durchgebissen.

Im Jahre 1919 lernte Fritz Haarmann einen hübschen jungen Mann namens Hans Grans kennen. Hans hatte beobachtet, wie Haarmann einem Jungen zwanzig Mark zugesteckt hatte, und obwohl er keine besonderen homosexuellen Neigungen verspürte, bot er sich nun selber an, da er keinerlei Skrupel hatte, wenn es darum ging, ein paar Mark zu verdienen. Es bleibt unklar, warum Hans am Leben blieb, aber die beiden sollten sogar Freunde werden. Und als Hans eines Tages unangemeldet in Haarmanns Wohnung platzte und Haarmann dort über eine Leiche gebeugt vorfand, änderte auch dies nichts an ihrem Verhältnis. Vielmehr ging Grans nun dazu über, Haarmann mit bereitwilligen jungen Männern zu versorgen, wofür dieser ihn mit Fleisch und Zigaretten für den lukrativen Handel auf dem Schwarzmarkt entschädigte. Ob es sich dabei neben Pferdefleisch auch um das Fleisch seiner Opfer gehandelt hat, ist nie eindeutig bewiesen worden. Haarmanns Vermieterin aber würde später aussagen, daß ihr immer wieder lautes Klopfen und Hämmern aus seiner Wohnung an die Ohren gedrungen sei, und eine Nachbarin behauptete gar, Haarmann habe ihr eines Tages einige Fleischknochen angeboten, die sie nicht annahm, da sie ihr viel zu hell erschienen seien. Auch wenn Haarmann diesen Verdacht bis zuletzt energisch von sich wies, so hatte der Volksmund doch längst seine feste Meinung gebildet. Über viele Jahre hinweg würden die Kinder in den Straßen nun die berühmt gewordenen Zeilen singen: ´Warte, warte nur ein Weilchen, dann kommt Haarmann auch zu dir, mit dem kleinen Hackebeilchen, und macht Hackefleisch aus dir...`

Am 4. Dezember 1924 wurde der Prozeß gegen Fritz Haarmann eröffnet, und nach vierzehn Verhandlungstagen und der Vernehmung von mehr als 130 Zeugen wurde Haarmann zum Tode durch Enthauptung verurteilt. Der wegen Mitwisserschaft und Beihilfe angeklagte Hans Grans kam mit einer zwölfjährigen Haftstrafe davon. Am frühen Morgen des 15. April 1925 wurde das Urteil gegen Fritz Haarmann vollstreckt.

Die Kindermörderin aus der Goutte d'OR

In der Goutte d'OR, einer engen Passage in den Slums von Montmartre, lebten zu Beginn des 20. Jahrhunderts vier Brüder mit Namen Weber: Pierre, Leon, Charles und Marcel. Alle vier waren verheiratet, hatten Kinder und lebten Tür an Tür. Wie man sich unschwer vorstellen kann, war das Leben im Slum sehr hart, von Krankheiten gezeichnet, und die Kindersterblichkeit lag weit über dem Landesdurchschnitt. Jeanne Weber, die Frau von Marcel, hatte bereits zwei ihrer drei Kinder verloren, als sie am 2. März 1905 von Pierres Frau gebeten wurde, ein paar Stunden auf ihre beiden kleinen Mädchen, Georgette und Suzanne, aufzupassen, weil sie zum Waschsalon wollte. Madame Pierre hatte soeben die erste Maschine gefüllt, als eine Nachbarin in den Salon gestürzt kam und aufgeregt berichtete, Georgette müsse plötzlich krank geworden sein, sie habe sie ganz merkwürdig keuchen und röcheln hören. Die beiden Frauen eilten in die Wohnung zurück und fanden Jeanne, wie sie das 18 Monate alte Kind in den Armen hielt und seine Brust massierte. Georgettes Gesicht war blau angelaufen, sie hatte Schaum vor dem Mund. Die Mutter klopfte ihr auf den Rücken, bis die Kleine wieder normal atmete, dann eilte sie zurück zum Waschsalon. Als sie eine Stunde später wieder nach Hause kam, war Georgette tot.

Da keinerlei Verdacht auf Jeanne Weber fiel, die offensichtlich alles ihr nur mögliche zur Rettung des Kindes getan hatte, baten Madame und Monsieur Pierre sie neun Tage später erneut um den Gefallen, in ihrer Wohnung zu verweilen, und die ihnen verbliebene zweijährige Tochter Suzanne zu beaufsichtigen. Als sie am späten Abend zurückkamen, fanden sie auch das zweite Kind tot vor. Auch Suzannes Gesicht war blau angelaufen, und auch sie hatte Schaum vor dem Mund. Der Arzt, der beide Leichname untersuchte, entdeckte leichte Druckstellen an den Hälsen der Kinder, aber die Polizei meinte keinerlei Anzeichen für einen unnatürlichen Tod feststellen zu können. So attestierte der Arzt schließlich widerwillig den zweifachen Tod aufgrund einer Verkrampfung der Atemwege.

Am 25. März hütete Jeanne das Kind ihres Schwagers Leon, die sieben Monate alte Germaine. Als die Großmutter im Stockwerk darüber das Kind schreien und röcheln hörte, eilte sie in die Wohnung hinunter und stellte entsetzt fest, daß die Kleine verzweifelt um Atem rang, während sich auf ihrem Hals rötliche Flecken abzeichneten. Sie beruhigte das Kind, rieb ihm den Rücken, und bald war Germaine wieder hergestellt. Noch immer fiel keinerlei Verdacht auf Jeanne, und nachdem sie auch den nächsten Nachmittag mit dem Kind verbracht hatte, war die Kleine tot. Diesmal diagnostizierte der Arzt als Todesursache Diphterie.

Nur wenige Tage später, Germaine war gerade beerdigt worden, starb Jeannes eigener siebenjähriger Sohn Marcel an Atemnot. Und am 5. April fand die Frau von Charles Weber ihren sieben Monate alten Sohn Maurice auf dem Bett liegend vor, blau im Gesicht, Schaum vor dem Mund und kurz vor dem Ersticken. Sie hatte ihn nur für einen kurzen Moment bei Jeanne zurückgelassen, um Einkäufe zu erledigen. Madame Charles aber ließ die Sache nicht auf sich beruhen. Sie hatte rote Druckstellen am Hals ihres Sohnes entdeckt, bezichtigte Jeanne, sie habe ihren Sohn zu erwürgen versucht, schnappte sich das Kind und brachte es ins Hospital Brétonneau. Nachdem Dr. Saillant die Flecken am Hals untersucht und zweifelsfrei als Würgemale identifiziert hatte, informierte er die Polizei. Inspektor Coiret wiederum fand schnell heraus, daß schon drei Jahre zuvor zwei von Jeanne Weber betreute Kinder, Lucie Alexandre und Marcel Poyatos, an Atemnot gestorben waren, und ließ die unheimliche Babysitterin auf der Stelle verhaften. Jeanne Weber aber wies jegliche Schuld am Tod der Kinder entrüstet von sich.

Die Leichen von Goergette, Suzanne, Germaine und Marcel wurden exhumiert, aber die Druckstellen am Hals waren schon nicht mehr zu sehen. Der Pariser Gutachter Dr. Léon Henri Thoinot erläuterte in dem am 29. Januar 1906 eröffneten, aufsehenerregenden und von der Bevölkerung mit Haß und Abscheu verfolgten Prozeß gegen Jeanne Weber seine Überzeugung, daß die Kinder eines natürlichen Todes gestorben seien. Seine Untersuchungen hätten keinerlei gegenteilige Beweise erbracht. So seien beispielsweise die Hyoidknochen, die im Falle einer Strangulation stets in Mitleidenschaft gezogen würden, vollkommen unversehrt. Jeanne Webers Verteidiger, der renommierte Anwalt Henri Robert, brachte die wenig gebildeten Zeugen der Anklage mit verwirrenden Fragen und Unterstellungen durcheinander, bis sie sich in Widersprüchen verfingen. Jeanne Weber wurde zum Entsetzen der Öffentlichkeit freigesprochen. Auch ihr Ehemann Marcel war längst von ihrer Schuld überzeugt und zog sich von ihr zurück.

Jeanne Weber, die im Jahre 1875 als Tochter eines armen Fischers in der Normandie geboren wurde, hatte ei-

Rue de la Goutte d´Or

nige Jahre als Hausmädchen gearbeitet, bis sie schließlich 1893 nach Paris gegangen war, wo sie ihren Ehemann kennengelernt und drei Kinder zur Welt gebracht hatte. Die Frau, die die Jahre der Ehe zur schweren Rotweintrinkerin hatten werden lassen, packte ihre Sachen und verschwand.

Am 16. April 1907 kehrte der Hausherr eines heruntergekommenen Gutshofes in Chambon im Bezirk Idre, der verwitwete Vater dreier Kinder, Sylvain Bavouzet, von der Arbeit heim und fand seinen neunjährigen Sohn Auguste krank im Bett liegend vor. Seine Haushälterin, Jeanne Moulinet, stand mit sorgenvollem Gesicht daneben und berichtete, der Junge habe sich übergeben, weil er zuviel gegessen habe. Bavouzet schickte seine Tochter Louise ins nahegelegene Städtchen Villedieu, um einen Arzt herbeizuholen, aber Dr. Papazoglou hielt einen Hausbesuch für überflüssig und gab dem Mädchen ein Mittel für den Magen des Jungen mit. Einige Stunden später suchte Bavouzet den Arzt persönlich auf, da sich der Zustand des Jungen weiter verschlechtert hatte. Als die Männer den Hof erreichten, war Auguste tot. Der Arzt entdeckte rote Druckstellen am Hals des Jungen und informierte die Polizei. Der zuständige Polizist aber, ein Beamter namens Charles Audiat, sah keinen Anlaß für eine gründliche Untersuchung des Falles und erklärte sich den Tod mit einer Meningitis. Germaine, das älteste der drei Kinder, hatte Madame Moulinet in Verdacht. Sie nutzte einen unbeobachteten Moment, durchwühlte die Handtasche der ungeliebten Haushälterin und entdeckte einige Pariser Zeitungsausschnitte von der Verhandlung gegen Jeanne Weber, die, um unerkannt zu bleiben, inzwischen ihren Mädchennamen Moulinet angenommen hatte. Germaine ging zur Polizei, beschuldigte Jeanne, ihren Bruder getötet zu haben, und es kam zu einer zweiten Autopsie, bei der der Mediziner Frédéric Bruneau zweifelsfrei feststellte, daß der Junge erdrosselt worden war. Jeanne Weber wurde zum zweiten Mal verhaftet, was für großes Aufsehen in der Bevölkerung sorgte. Der Anwalt Henri Robert und der Mediziner Thoinot fürchteten um ihren Ruf. Robert übernahm kostenlos die Verteidung Webers, und Thoinot brachte es fertig, eine zweite Untersuchung der Leiche um mehrere Monate hinauszuzögern, bis keinerlei Beweise mehr für den Tod durch Erwürgen gefunden werden konnten. Er behauptete, Augustes Tod sei ganz eindeutig auf Wechselfieber zurückzuführen, woraufhin Richter Belleau die Anklage fallen ließ. Jeanne Weber ging nach Euville in der Nähe von Commercy. Sie lernte den Arbeiter Émile Bouchery kennen und bezog mit ihm ein billiges Zimmer zur Untermiete bei der Familie Poirot. Eines Abends hörten die Poirots die verzweifelten Schreie ihres siebenjährigen Sohnes aus dem vermieteten Zimmer herüberdringen. Sie brachen die verschlossene Tür auf, aber es war zu spät. Marcel war tot, hatte Blut und Schaum vor dem Mund. Neben der Leiche stand die ebenfalls blutverschmierte Jeanne Weber. Ein Arzt stellte zweifelsfrei fest, daß der Junge erwürgt worden war und sich in Panik die Zunge abgebissen hatte.

Jeanne Weber wurde des Mordes schuldig gesprochen, für unheilbar geisteskrank erklärt und in eine geschlossene Anstalt auf der pazifischen Insel Maré (Neukaledonien) eingewiesen. Zwei Jahre später wurde sie tot aufgefunden. Sie hatte Schaum vor dem Mund und die Hände fest um den eigenen Hals geschlossen.

Der Würger vom Rillington Place

Am 23. März 1953 renovierte der jamaikanische Mieter Beresford Brown eine Wohnung im Erdgeschoß des Hauses Rillington Place Nr. 10 in London. Er klopfte gerade die Wände ab, auf der Suche nach einer geeigneten Stelle für ein Wandregal, als es in einer Ecke merkwürdig hohl klang. Er entfernte einen Streifen Tapete und stieß auf einen übertapezierten Wandschrank. In der Rückseite war ein Loch, er linste hinein, entdeckte die unbekleidete Leiche einer Frau und informierte die Polizei. Als die Beamten den Schrank aufbrachen, fanden sie noch zwei weitere ermordete Frauen. Die erste war erwürgt worden. Sie war offensichtlich einmal ein sehr hübsches junges Mädchen gewesen, aber nun wuchs ihr bereits die Fäulnis aus dem Mund. Die medizinische Untersuchung ergab, daß sie mehrmals vergewaltigt worden war. Der Zeitpunkt ihre Todes lag etwa einen Monat zurück. Auch die zweite Frau war erwürgt und vergewaltigt worden. Sie trug nichts als ein Jäckchen und eine Weste am Körper und war seit etwa zwei Monaten tot. Das dritte Opfer, ebenfalls ein hübsches junges Mädchen, wurde in eine Decke gewickelt aufgefunden. Sie trug einen seidenen Slip und einen Büstenhalter, zwischen ihren Beinen lag ein Stück Stoff. Sie lag seit etwa zwei bis drei Monaten in dem Schrank und war zum Zeitpunkt ihrer Ermordung im sechsten Monat schwanger gewesen.

Die Polizei durchsuchte das ganze Haus und entdeckte unter den Dielenbrettern eines Nebenzimmers die Leiche einer Frau mittleren Alters. Auch sie war in eine Decke gewickelt worden, und auch ihr hatte man ein Stück

Rillington Place, heutige Bartle Road. Wo damals die Nr. 10 stand, ist heute eine Lücke. Obwohl die Straße zweimal umbenannt wurde und sogar völlig neu entstand, existiert zwischen den Neubauten Nr. 9 und 11 keine Nr. 10.

Stoff zwischen den Beinen plaziert. Ihr Tod lag etwa drei Monate zurück. Als ein Beamter einen menschlichen Knochen entdeckte, der am Gartenzaun lehnte, grub die Polizei den Garten komplett um und fand schließlich zwei weitere weibliche Leichen, die schon weitgehend verwest waren.

Nun war es ein leichtes, den Mörder zu identifizieren. Ein Mann namens John Reginald Halliday Christie hatte die Parterrewohnung seit fünfzehn Jahren bewohnt, er allein hatte das Nutzungsrecht für den Garten gehabt, und bei der Leiche unter den Fußbodenbrettern handelte es sich um seine vierundfünfzigjährige Frau Ethel Christie. Vor wenigen Tagen erst hatte Christie die Wohnung an seinen Freund Reilly untervermietet. Der jamaikanische Vermieter Charles Brown war dahintergekommen und hatte den Mann aus der Wohnung gewiesen, da die Untervermietung im Mietvertrag nicht vorgesehen war. Sofort wurde die Fahndung nach Christie eingeleitet, und nur eine Woche später, am 31. März 1953, glaubte der Streifenpolizist PC Ledger den als groß, hager, bebrillt und glatzköpfig beschriebenen Mann in der Nähe der Putney Bridge entdeckt zu haben. Er fragte ihn nach seiner Identität, und Christie gab ihm ruhig und gleichmütig Auskunft und folgte ihm bereitwillig zur Wache.

So wurde nebenbei ein Fall wieder aufgerollt, der bereits fünf Jahre zuvor für Schlagzeilen gesorgt hatte. Am 2. Dezember 1949 waren in der Waschküche des gleichen Hauses die Leichen der zwanzigjährigen Beryl Evans und ihrer einjährigen Tochter Geraldine gefunden worden. Der Ehemann und Vater, der analphabetische Arbeiter Timothy Evans, hatte sich damals zunächst für zehn

John Christie und seine Ehefrau Ethel

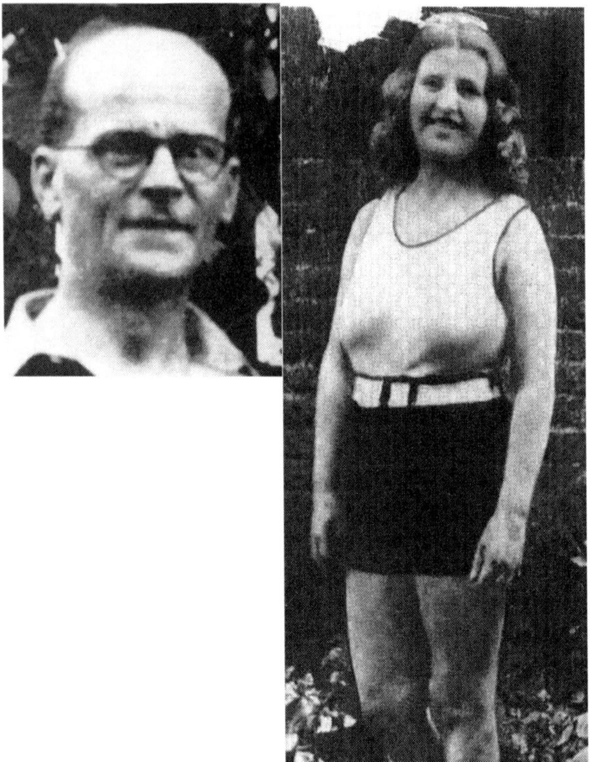

Tage nach Wales abgesetzt, war dann aber zurückgekehrt, hatte sich gestellt, den Doppelmord gestanden, und war 1950 hingerichtet worden. Zu der Angelegenheit befragt, erklärte Christie freimütig, er habe Beryl mit einem Nylonstrumpf erdrosselt, weil sie sich das Leben nehmen wollte und ihn um Hilfe gebeten habe. Mit dem Tod des Kindes aber habe er nichts zu tun.

Reginald Christie wurde 1898 in Yorkshire geboren. Er war ein schwächliches Kind, das oft kränkelte und von seinen Schulkameraden als Weichling verspottet wurde. Sein Vater, ein grantiger Mann, der seinen Sohn gern schikanierte, vermittelte ihm im Alter von fünfzehn Jahren einen Job in der Teppichfabrik, für die er als Designer tätig war. Als Reginald die Stelle wegen eines geringfügigen Diebstahls wieder verlor, warf ihn der Vater kurzerhand aus dem Haus. Reginald ging zur Armee und kämpfte im Ersten Weltkrieg. Anschließend arbeitete er als Hilfskraft in einer Wollmühle, und im Jahre 1920 schließlich verliebte er sich in seine Nachbarin Ethel Waddington und heiratete sie noch im gleichen Jahr. 1921 versuchte er sich als Briefträger, veruntreute einige Geldzustellungen und wurde zu drei Monaten Gefängnis verurteilt. Es folgte eine Bewährungsstrafe wegen Betrugs und schließlich eine neunmonatige Haftstrafe wegen Diebstahls, woraufhin ihn seine Frau verließ. Später ging Christie nach London, wo er eine Zeit lang mit einer anderen Frau zusammenlebte. Die notorischen Streitereien mit ihr mündeten in Handgreiflichkeiten, und eines Tages schlug Christie die Frau mit einem Cricketschläger nieder und wanderte wegen Körperverletzung für ein halbes Jahr hinter Gitter. 1933 folgte eine weitere dreimonatige Haftstrafe wegen Autodiebstahls, und aus dem Gefängnis

Timothy Evans mit seiner Frau Beryl

heraus schrieb er seiner Exfrau, die ihn daraufhin wieder bei sich aufnahm. Im September 1939 trat Christie eine Stelle als Reservist der Kriegspolizei an und machte sich in der Nachbarschaft unbeliebt, indem er sich unnötig aufspielte und die Leute wegen Lappalien in Schwierigkeiten brachte. Ethel verbrachte bald mehr und mehr Zeit bei ihrer Familie in Sheffield, und im Jahre 1943 nahm sich Christie eine junge Frau zur Geliebten, die er auf der Harrod Road Polizeistation kennengelernt hatte. Doch ihr Ehemann, ein Soldat, kam schnell dahinter und schlug Christie zusammen. Kurze Zeit darauf, Ethel war wieder einmal in Sheffield, las Christie die österreichische Prostituierte Ruth Fuerst auf und nahm sie mit in die Wohnung am Rillington Place. Er erdrosselte sie mit einem Seil und masturbierte über der Leiche, bevor er sie im Garten vergrub. Im Dezember 1943 lud er, wiederum Ethels Abwesenheit nutzend, eine junge, attraktive Frau namens Muriel Eady zu sich nach Hause ein. Das Mädchen hatte ihm erzählt, sie leide an Katarrh, und er hatte ihr eine wirksame Kur versprochen. In der Wohnung mixte er ihr einen Balsam zur Inhalation, und als sich das Mädchen mit einem Handtuch über dem Kopf über die Schüssel beugte, leitete er einen geöffneten Gummischlauch der Gasleitung unter das Handtuch. Nachdem das Mädchen verstorben war, warf er sie aufs Bett, verging sich an ihr und vergrub sie anschließend im Garten.

Am 14. Dezember 1952 erwürgte Christie seine Frau Ethel im ehelichen Bett und versteckte sie unter den Dielen. Über das Motiv kann nur gerätselt werden. Vielleicht hatte sie Verdacht geschöpft, vielleicht stand sie aber auch nur seinem Verlangen im Wege, weitere Sexualmorde zu begehen. So nahm er im Januar 1953 die Prostituierte

Kathleen Maloney, die er in einem Pub in Paddington kennengelernt hatte, mit in die Wohnung. Sie hatte reichlich getrunken und bekam gar nicht mehr mit, wie er den Gasschlauch unter ihren Stuhl verlegte. Anschließend verging er sich an der Leiche und versteckte sie im Schrank. Kurze Zeit später lockte er die schwangere Rita Nelson, vermutlich mit dem Versprechen, ihr Kind abzutreiben, in seine Wohnung, brachte sie um und verstaute auch ihre Leiche im Schrank. Sein letztes Opfer, Hectorina MacLennan, ein junges Mädchen auf Wohnungssuche, begleitete ihn am 5. März zum Rillington Place. Er erwürgte und vergewaltigte sie anschließend. Auch Hectorinas Leiche verschwand im Schrank.

Wie Dr. Francis Camps, der für den Fall zuständige Pathologe später zu Protokoll geben würde, handelte es sich bei Reginald Christie um einen typischen Nekrophilen, der als Junge bereits als impotent beschimpft und mit Ausdrücken wie ´Reggie-Ohne-Schwanz` bedacht wurde. Nachdem sich sein Versagen während eines Treffens mit einem jungen Mädchen herumgesprochen hatte, sollte Christie sein Leben lang Probleme mit dem Beischlaf haben. Seine Entdeckung, daß ihm nur noch der Anblick toter Frauen wirkliche Befriedigung verschaffen konnte, hatte ihn zum Serienmörder werden lassen.

Reginald Christie wurde zum Tode verurteilt und am 15. Juli 1953 hingerichtet. Die Umstände aber, die zum Tod der kleinen Geraldine Evans geführt haben, werden wohl für immer ungeklärt bleiben.

Anmerkung zur Adresse Rillington Place Nr. 10:

Als sich John Christie 1938 schließlich wieder mit seiner Frau Ethel zusammentat, zogen die beiden in 10 Rillington Place in der damals überwiegend armen, heute jedoch wohlhabenderen Gegend Notting Hill / West London ein. John war gerade 40 Jahre alt geworden.

Es war ein dreistöckiges, enges viktorianisches Haus, wobei sich eine Wohnung jeweils über die ganze Etage erstreckte.

Die Straße war eine Sackgasse, und Nr. 10 war am hintersten Ende gegen eine hohe Mauer gebaut worden und stand nunmehr im Schatten des alten Schornsteins einer benachbarten Gießerei.

Bereits 1953 hatte das Haus durch Vernachlässigung ein häßliches und deprimierendes Äußeres bekommen. Der Eindruck wurde durch die dreckigen Gardinen von Christie´s Parterrewohnung noch verstärkt.

Ende 1953 wurde es schließlich für 1500 Pfund Sterling verkauft. Um die Erinnerung an die furchtbaren Ereignisse auszulöschen, erhielt die Sackgasse zunächst den Straßennahmen „Rushton Close“ und wurde später als „Bartle Road“ völlig neu gebaut.

Wo damals das Unheilshaus stand, ist heute eine Lükke, umgeben von den Neubauten Bartle Road Nr. 9 und 11. Eine Nummer 10 existiert in dieser Straße nicht.

Am Vortag einer jeden Hinrichtung wurde eine entsprechende Ankündigung am Eingang der Strafvollzugsanstalt Pentonville ausgehangen.

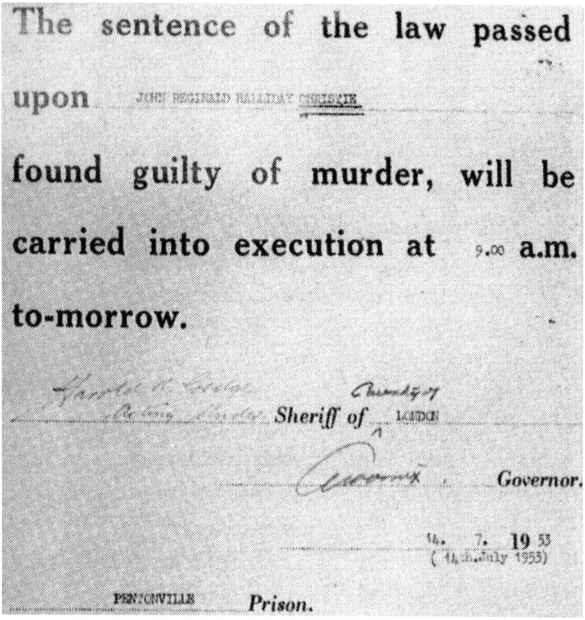

The sentence of the law passed upon JOHN REGINALD HALLIDAY CHRISTIE **found guilty of murder, will be carried into execution at** 9.00 **a.m. to-morrow.**

Sheriff of LONDON

Governor.

14. 7. 1953
(14th July 1953)

PENTONVILLE *Prison.*

Anmerkung zur Todesstrafe in Großbritannien:

Im April 1948 entbrannte im Unterhaus eine Debatte über die Todesstrafe.

Ein Argument zur Abschaffung war die Einsicht, daß ein Gehängter im Falle eines später aufgedeckten Fehlurteils nicht mehr zurück ins Leben gebracht werden könne.

Der damalige Parlamentarier und führende Jurist Sir David Maxwell Fyfe, der später zum Innenminister berufen wurde, entgegnete folgendes: „Praktisch gibt es keine Möglichkeit eines Fehlurteils in einem entscheidenden Mordprozess. Die Geschworenen könnten sich irren, ebenso das gesamte Kriminalgericht, auch das Haus der Lords und der Innenminister, die alle zusammen ein Todesurteil bestätigen müssen, die könnten alle natürlich plötzlich verrückt geworden sein, aber das ist nicht gerade als wahrscheinlich zu betrachten, oder?"

Trotz heftiger Debatten und begründeten Zweifeln wurde Timothy Evans am 18. Oktober 1966, sechzehn Jahre nachdem er gehängt wurde, freigesprochen.

Seine sterblichen Überreste wurden aus dem Gefängnisfriedhof in Pentonville ausgegraben und im November 1966 in geweihter Erde wieder eingebettet.

Die Todesstrafe wurde in England 1965 unter der Labour-Regierung für fünf Jahre ausgesetzt und danach endgültig abgeschafft.

Peter Kürten - Der Sadist von Düsseldorf

Im Jahre 1929 versetzte eine schier endlose Serie von sexuellen Gewalttaten und Morden Düsseldorf und Umgebung in Angst und Schrecken, und die sich häufenden Meldungen über weitere Opfer hielten ganz Deutschland und seine Nachbarländer in Atem.

Am 3. Februar war eine Frau mittleren Alters auf ihrem Weg nach Hause spät am Abend von einem Mann mit einem Messer überfallen und mit vierundzwanzig Messerstichen lebensgefährlich verletzt worden. Am 13. Februar fand man in einer Straße im Stadtteil Flingern die Leiche eines fünfundvierzigjährigen Mechanikers, dessen Körper zwanzig Stichwunden aufwies. Und am 9. März gegen neun Uhr am Morgen entdeckten einige Männer auf dem Weg zur Arbeit die Leiche eines achtjährigen Mädchens unter einer Hecke am Rande der Kettwinger Straße, ebenfalls in Düsseldorf-Flingern. Aufgrund einer Vermißtenmeldung vom Vortag wurde die Kleine schnell als Rosa Ohliger identifiziert. Wie ihre Mutter zu Protokoll gab, war Rosa am Nachmittag bei einer Freundin zu Besuch gewesen. Als es gegen sechs Uhr dunkel zu werden begann, hatte die Freundin Rosa zum Aufbruch gemahnt, und Rosa hatte erklärt, sie werde einen bekannten Fußpfad als Abkürzung benutzen. Alles sprach dafür, daß der Täter ihr dort aufgelauert und sie mit dreizehn Messerstichen getötet hatte. Anschließend versuchte er, die Leiche mit Paraffin zu verbrennen. Kleidung und Haare waren größtenteils versengt, aber der Körper war unversehrt geblieben. Die wenigen Samenspuren in der Vagina und auf der geschlossenen

Unterhose sowie der nur etwa einen Zentimeter breite Riß im Jungfernhäutchen des Mädchens brachten den untersuchenden Mediziner zu dem Schluß, daß der Mörder sein Ejakulat mit dem beschmierten Finger eingeführt haben mußte.

Zwischen März und Juli wurden vier Frauen hinterrücks überfallen und bis zur Bewußtlosigkeit gewürgt. Ende August wurde eine junge Frau während eines Rundganges über einen Jahrmarkt im Ortsteil Lierenfeld durch einen Messerstich in den Rücken leicht verletzt. Das Gleiche passierte einem Mädchen namens Annie Goldhausen auf einem Spaziergang und einem Mann namens Gustav Kornblum, der zum Zeitpunkt des Überfalls auf einer Parkbank gesessen hatte.

Am 24. August schließlich wurde die Bevölkerung endgültig aufgeschreckt, als die Leichen zweier Kinder, der fünfjährigen Gertrude Hamacher und der vierzehnjährigen Louise Lenzen, in einem Schrebergarten unweit der elterlichen Wohnung gefunden wurden. Beide waren erwürgt worden, und der Täter hatte ihnen die Zungen herausgeschnitten. Noch am selben Sonntagnachmittag wurde eine Kellnerin namens Gertrude Schulte auf der Straße nach Neuss durch sieben Messerstiche lebensgefährlich verletzt, weil sie sich den Annäherungsversuchen eines fremden Mannes verweigert hatte.

Bis Peter Kürten, ein siebenundvierzigjähriger Eisengießer, schließlich am 24. Mai 1930 verhaftet wurde, hatte er ein weiteres Kind erstochen, zwei Frauen mit einem Hammer erschlagen sowie mehrere Frauen mit einem Hammer schwer verletzt und andere bis zur Bewußtlosigkeit gewürgt. Am 14. Mai sprach er eine junge Frau an, die ihm erzählte, daß sie ohne Arbeit und festen Wohn-

Die Wolfsschlucht im Grafenberger Wald. Hier verging sich Peter Kürten am 14. Mai 1930 an Maria Butlies.

sitz sei. Er nahm sie mit in sein Zimmer in der Mettmanner Straße 71 und bedeutete ihr, daß er gerne Sex mit ihr hätte. Maria Butlies lehnte dies ab und drängte darauf, die Wohnung wieder zu verlassen. Kürten versprach ihr, einen anderen Schlafplatz für sie zu finden, und so fuhr man gemeinsam mit der Straßenbahn zum Worringerplatz und von dort bis zum Grafenberger Wald, spazierte durch die Wolfsschlucht, und als die letzten Häuser außer Sicht waren, packte Kürten das Mädchen unvermittelt am Hals und würgte sie, bis sie schließlich nachgab und Kürten gewähren ließ. Wie Peter Kürten später erklären sollte, hatte er sie anschließnd laufen lassen, weil er in der Strassenbahn in Begleitung des Mädchens von einem Bekannten gesehen worden war. Am Mittwoch, dem 21. Mai aber sah er beim Blick aus dem Fenster, wie Maria Butlies vor dem Haus in der Mettmanner Straße stand und zu seiner Wohnung hinaufsah. Kurze Zeit darauf kam sie mit einem Polizisten zurück, und beide unterhielten sich mit Frau Wimmer, Kürtens Vermieterin. Kürten stahl sich zum Hinterausgang hinaus, holte seine Frau an deren Arbeitsstelle ab und gestand ihr sein Erlebnis in der Wolfsschlucht und daß man ihm nun wohl eine Vergewaltigung anhängen werde.

Während der folgenden heftigen Auseinandersetzung erzählte er ihr, er sei der gesuchte Mörder von Düsseldorf. Seine Frau glaubte ihm kein Wort, bis er ihr alle Einzelheiten seiner Taten geschildert hatte. In der folgenden Nacht lief Kürten ziellos durch die Straßen, und am nächsten Morgen holte er ein paar Sachen aus der gemeinsamen Wohnung und bezog ein Zimmer in der Adlerstraße. Seine Frau aber brach verständlicherweise unter der Last der grausamen Wahrheit zusammen und

Die Rochuskirche in Düsseldorf

ging zur Polizei. Sie informierte die Beamten darüber, daß sie sich für den nächsten Tag, den 24. Mai, mit ihrem Mann zu einem Treffen in der Nähe der Rochuskirche verabredet habe. Die Kirche wurde umstellt, und Peter Kürten wurde verhaftet, als er seiner Frau entgegenging.

Während seiner anschließenden Vernehmung gestand Kürten nicht nur die Morde und Verbrechen des Jahres 1929, sondern schilderte dazu ungefragt eine unendliche Kette von Morden, Vergewaltigungen, Überfällen und Brandstiftungen, die er seit 1899 verübt hatte. Peter Kürten wurde 1883 in Köln-Mühlheim geboren. Sein Vater, von Beruf Eisengießer, war schwerer Alkoholiker und extrem gewalttätig. Die dreizehnköpfige Familie war sehr arm und lebte zeitweilig in einer Ein-Zimmer-Wohnung, in der laut Kürten eine sexuell ständig überhitzte Atmosphäre herrschte. Eine seiner Schwestern habe ihm wiederholt Avancen gemacht, aber er habe den Inzest mit einer anderen vorgezogen, da sie ihm attraktiver erschien: Einer Schwester, die regelmäßig vom Vater vergewaltigt wurde. Auch war Kürten immer wieder Zeuge, wie sein Vater sturzbetrunken nach Hause kam und seine Mutter mit Gewalt zum Geschlechtsverkehr zwang. Im Alter von acht Jahren riß Peter Kürten von Zuhause aus und übernachtete für einige Zeit in ausrangierten Möbelwagen. Wieder zurück, geriet er in Kontakt mit einem sadistischen Hundefänger, der im gleichen Haus lebte und ihm beibrachte, die Hunde zu masturbieren. Laut Kürten entdeckte er sein eigenes sadistisches Vergnügen erstmals, als er dem Mann dabei zuschaute, wie er die Tiere quälte. Nach seiner eigenen Aussage verübte Kürten seinen ersten Mord im Alter von neun Jahren. Er schubste ei-

Mettmanner Straße Nr. 71

nen kleinen Jungen in den Rhein und tauchte einen zweiten, der seinem Freund zu Hilfe kommen wollte, solange in die Fluten, bis beide ertrunken waren. Als er zehn Jahre alt war, lief er zum zweiten Mal von Zuhause fort und schlug sich als Dieb durchs Leben. Er fing an, junge Mädchen zu überfallen und verübte seine ersten Vergewaltigungen, sobald er die Geschlechtsreife erlangt hatte. Im Alter von vierzehn Jahren entdeckte er, wieviel Lust es ihm bereitete, wenn er es mit Schafen trieb und sie gleichzeitig erwürgte. Schließlich wurde er bei einem Einbruch ertappt und wanderte für zwei Jahre ins Gefängnis. Anschließend lebte er mit einer weit älteren Prostituierten zusammen, der seine Quälereien entgegenkamen. Seinen ersten „erwachsenen" Mord verübte Kürten, wie er behauptete, 1899, als er ein Mädchen vergewaltigte, erdrosselte und im Grafenberger Wald zurückließ. Ihre Leiche wurde allerdings nie gefunden.

Peter Kürten wurde am 23. April 1931 zum Tod durch die Guillotine verurteilt. Das Urteil wurde am Morgen des 2. Juli vollstreckt. Nach einem letzten Wunsch befragt, sagte Kürten, er wünsche sich nur, er bekäme noch mit, wie sein eigenes Blut in den Eimer rausche, da ihm dies mit Sicherheit noch einmal ein intensives Vergnügen bereiten würde.

Jack Unterweger, Literat und Mörder

Als im Jahre 1974 die achtzehnjährige Deutsche Margret Schäfer tot in ihrem Wiener Appartement aufgefunden wurde, brauchte die Polizei nicht lange nach ihrem Mörder zu suchen. Ihr Nachbar, der damals vierundzwanzigjährige Jack Unterweger, war dabei beobachtet worden, wie er zur Tatzeit die Wohnung des Mädchens verlassen hatte. Vor Gericht gestellt, gestand er die Tat und versuchte sich zu verteidigen, indem er in wohlgesetzten melodramatischen Worten von seiner angeblich so entsetzlichen Kindheit berichtete. Als uneheliches Kind im Jahre 1950 geboren, habe sich sein Vater, ein amerikanischer Soldat, nie um ihn gekümmert, seine Mutter sei ihrer Tätigkeit als Prostituierte nachgegangen. Er selbst sei schon in frühester Kindheit von einem Heim ins nächste abgeschoben worden, beziehungsweise der schlechten Behandlung seiner lieblosen Verwandten ausgesetzt gewesen, die ihn vorübergehend bei sich aufgenommen, regelmäßig eingesperrt und immer wieder furchtbar verprügelt hätten. Von Beginn an habe man ihn immer nur abgelehnt, er sei schnell zum Außenseiter abgestempelt worden und habe den beißenden Spott der gleichaltrigen Kinder ertragen müssen. So sei die unerfüllte Sehnsucht nach einer liebenden fürsorglichen Mutter in einen allgemeinen Haß auf ihren Berufsstand ausgeartet. Nachts habe er immer wieder davon geträumt, wie er Prostituierte erwürgte. Nachdem er mit seiner jungen Nachbarin, die er vor Gericht unsinnigerweise als Hure bezeichnete, Geschlechtsverkehr gehabt habe, sei es urplötzlich wie ein unwiderstehlicher Zwang über ihn gekommen.

So habe er nach einer eisernen Ofenstange gegriffen, die ahnungslose junge Frau niedergeschlagen und anschließend erwürgt.

Die Polizei konnte allerdings nachweisen, daß Unterweger ganz im Gegensatz zu seinen Erzählungen von Haß und Verzweiflung ein durchaus freundschaftliches Verhältnis mit seiner Mutter verband und das es sich bei der ermordeten Margret Schäfer keineswegs um eine Prostituierte gehandelt hatte. Seine wehleidige Verteidigungsrede brach wie ein Kartenhaus zusammen, und nachdem ihm ein psychiatrisches Gutachten puren Sadismus bescheinigt hatte, wurde Jack Unterweger im Jahre 1976 wegen Mordes zu einer lebenslänglichen Gefängnisstrafe verurteilt.

In den folgenden Jahren, die er im Zuchthaus Stein verbrachte, entwickelte sich Jack Unterweger zu einem außerordentlich belesenen und scheinbar durch und durch kultivierten Menschen. So gründete er eine Gefängniszeitung, entdeckte bald sein eigenes literarisches Talent und veröffentlichte schließlich mehrere von ihm selbst verfaßte Kindergeschichten, die erste positive Reaktionen in den Wiener Feuilletons fanden. Es folgte eine ganze Serie von ebenso wohlwollend aufgenommenen Gedichten und bald darauf schließlich seine Autobiographie, die sogleich einen Verleger fand, unter dem Titel ´Fegefeuer - Die Reise ins Zuchthaus` veröffentlicht und für ihre ´zutiefst sensitive und authentische Sprache` von den Kritikern hochgelobt wurde. In dem Buch wiederholte Unterweger seine maßlosen Übertreibungen in bezug auf seine so schreckliche Kindheit und beschrieb immer wieder den Haß auf seine Mutter, diese wieder und wieder aufgewärmte Lügengeschichte, die ihm offenbar derart in Fleisch und Blut übergegangen war, daß er sie inzwischen wohl selbst schon für bare Münze nahm.

Die Kulturschickeria von Wien aber focht das alles nicht an. Unterweger wurde nun als allerneueste literarische Entdeckung gefeiert, der Gefängnisdirektor von Stein war verständlicherweise über alle Maßen stolz, ein derart vorzeigbares Ergebnis seiner modernen Resozialisierungsmaßnahmen präsentieren zu können, und gestattete seinem prominenten Zögling immer häufiger Hafturlaub, um ihm Lesungen und Zusammenkünfte in literarischen Zirkeln zu ermöglichen. Bald taten sich führende Künstler des Landes, der österreichische Pen-Club sowie Verfechter einer liberalisierenden Strafrechtsreform zusammen, um mit einer massiven Kampagne seine vorzeitige Entlassung zu erwirken. Und bis Unterweger schließlich am 23. Mai 1990 auf Bewährung entlassen wurde, war ihm, wie ein Mitgefangener später behauptete, aufgrund seiner Popularität im Gefängnis längst ein inoffizieller Sonderstatus zugestanden worden. Er habe seine eigene Zelle zugewiesen bekommen, sei einem lockeren Job in der Wäscherei nachgegangen und habe ansonsten mit Tabak, Alkohol, Drogen und Fernsehgeräten gehandelt. Auch habe er außerhalb der Besuchszeiten immer wieder Gäste empfangen, und so manche Frau aus den wohlhabenden Kreisen der Stadt sollte sich in dieser Zeit damit brüsten, Sex mit dem berühmten Gefängnisliteraten gehabt zu haben.

Nach seiner Entlassung wurde Unterweger von einer Talkshow zur nächsten gereicht, er wurde bewundert für seine scharfe Intelligenz, arbeitete nun auch als Journalist und Bühnenautor und galt als Respektsperson, Kultfigur und gemachter Mann. Er war ein Charmeur, der sich mit Vorliebe im weißen Anzug, mit einer roten Plastikrose am Aufschlag, schwarzer Krawatte, Goldkettchen und Schlangenlederstiefeln in der Öffentlichkeit zeigte, ein Hätschelkind der Kulturszene, das als vollständig resozialisiert galt und dem man seine so lange schon zurückliegende Untat längst verziehen hatte.

Im Oktober nach Unterwegers Haftentlassung wurde die Wiener Prostituierte Brunhilde Masser als vermißt gemeldet. Drei Monate später fanden Spaziergänger ihre Leiche in den Wäldern am Rande der Stadt. Wie sich herausstellte, war sie mit ihrer Unterwäsche erwürgt worden. Am 7. Dezember 1990 ging eine weitere Suchmeldung bei der Wiener Polizei ein, und im Januar 1991 wurde die vermißte einunddreißigjährige Prostituierte Heide Hammerer schließlich ermordet im Wald aufgefunden. Auch sie hatte der Mörder mit ihrer eigenen Unterwäsche erdrosselt. Noch im gleichen Jahr traf es fünf weitere Prostituierte. Silvia Zagler, Sabine Moitzi, Regina Prem, Karin Sladke-Eroglu und am 7. März 1991 schließlich die fünfunddreißigjährige Elfriede Schrempf, deren Leiche in einem Waldstück in der Nähe der Stadt Graz im Süden Österreichs gefunden wurde. Die Polizei hatte keinerlei Zweifel, daß es sich in allen Fällen um ein und denselben Täter handelte. Alle ermordeten Frauen stammten entweder aus Wien oder aus Graz, ihre Leichen wurden im Wald aufgefunden, und sie alle waren mit ihrer eigenen Unterwäsche erwürgt worden. Jack Unterweger persönlich berichtete in einer Story für den ORF über die Mordfälle und interviewte den Grazer Chefinspektor Edelbacher zum Stand der Ermittlungen. Kurz darauf aber ging die Polizei mit der Meldung an die Öffentlichkeit, daß Unterweger selbst in Verdacht stünde.

Sie hatte herausgefunden, daß sich Unterweger in allen Fällen zur Tatzeit in der Nähe der Fundorte aufgehalten hatte. So hatte er beispielsweise am 7. März 1991, dem Tag, an dem Elfriede Schrempf in Graz ermordet wurde, im nur eine knapp halbstündige Autofahrt entfernt gelegenen Koflach eine Lesung gegeben. Außerdem erinnerte der vorläufige Polizeibericht an Unterwegers Vergangenheit, an die auf exakt die gleiche Art von ihm ermordete Margret Schäfer und seinen von ihm selbst vor Gericht formulierten Haß auf die Prostituierten. Jack Unterweger wehrte sich entschieden gegen die, wie er meinte, völlig haltlosen Verdächtigungen, und auch seine zahlreichen Mentoren, Künstler und Intellektuelle wandten sich mit wütenden Protesten gegen die vorverurteilenden Methoden der Polizei, mit denen sie ganz offensichtlich nichts anderes bezwecke, als von ihrer eigenen Erfolglosigkeit auf der Suche nach dem Serienmörder abzulenken. Und was der Mordkommission tatsächlich fehlte, war auch nur der kleinste stichhaltige Beweis. Bei keiner der Leichen waren irgendwelche Spuren oder gar Fingerabdrücke gefunden worden, und die Polizei hatte auch keinen einzigen Augenzeugen vorzuweisen.

Im Sommer 1991 verbrachte Jack Unterweger fünf Wochen in Los Angeles, um für einen Artikel für ein Wiener Magazin im dortigen Rotlichtbezirk zu recherchieren. Er war Gast der örtlichen Polizei und ließ sich im Streifenwagen durch die kalifornische Metropole chauffieren. Während der Zeit seines Aufenthaltes wurden in der Umgebung der Stadt drei ermordete Prostituierte aufgefunden, die der Täter mit ihrer eigenen Unterwäsche erdrosselt hatte. Und wie die österreichische Polizei später herausfinden sollte, war Unterweger anschließend in die Tschechische Republik gereist, wo kurz darauf die Leiche der erwürgten Prager Prostituierten Blanka Bockova aufgefunden wurde. Mehr und mehr Indizien deuteten nun auf Jack Unterweger als Hauptverdächtigen hin, auch die österreichische Tagespresse, wie der weitverbreitete Wiener ´Kurier` wechselte nun die Seite und äußerte kaum verhohlene Anspielungen gegen den populären Autor. Unterweger wurde wieder und wieder ausführlich von der Mordkommission verhört, bis sie schließlich zur Überzeugung gelangt war, genügend belastendes Material gegen ihn gesammelt zu haben. Am 13. Februar 1992 suchte die Polizei in Begleitung eines Fernsehteams Unterwegers Wiener Wohnung auf, um ihn zu verhaften. Der Gesuchte aber hielt sich zu der Zeit mit seiner neuen Geliebten, der achtzehnjährigen Schülerin Bianca Moak in der Schweiz auf, wo es ihm gelang, sich dem Zugriff der Polizei zu entziehen. Unterweger war verschwunden, die Wiener Kulturschickeria, die ihm bisher die Stange gehalten hatte, sah sich gezwungen, erste Zweifel an seiner Unschuld einzugestehen, in der Bevölkerung schlug die Meinung nun um, und der Skandal war perfekt.

Am 27. Februar 1992 wurde Unterweger in Begleitung der Bianca Moak vom FBI in Miami Beach aufgegriffen und verhaftet. Da man während der gesetzlich auf neunzig Tage beschränkten Untersuchungshaft außer der Tatsache, daß sich Unterweger zum Zeitpunkt ihrer Ermordung in unmittelbarer Nähe der Wohnsitze der drei erwürgten Prostituierten in Klaifornien aufgehalten hatte, keinerlei wirklichen Beweise gegen ihn in der Hand hielt, beschlossen die kalifornischen Behörden, Jack Unterweger nach Österreich auszuliefern. Am 20. April 1994 wurde am Grazer Gericht der Prozeß gegen ihn eröffnet.

Neben einer ganzen Reihe von belastenden Indizien konnte die Staatsanwalt nur zwei einigermaßen stichhaltige Beweise liefern. In den Kleidern eines der Opfer waren etliche Fusseln aus einem roten Schal Unterwegers gefunden worden, und ein einzelnes Kopfhaar, das die Polizei in seinem Auto gefunden hatte, wurde von Sachverständigen mit ´an Sicherheit grenzender Wahrscheinlichkeit` als ein Haar der ermordeten Tschechin Blanka Bockova identifiziert. Der FBI-Psychologe Gregg McCarry, ein Experte auf dem Gebiet der Serienmörder, äußerte seine Auffassung, daß alle elf Morde von ein und demselben Täter verübt worden seien, und ein psychiatrisches Gutachten bescheinigte Unterweger zum zweiten Mal einen ´tiefgreifenden Sadismus`. Während Staatsanwalt Karl Gasser nach zweimonatiger Verhandlung sein Plädoyer hielt, in dem er die Geschworenen eindrücklich davor warnte, einen Gewaltverbrecher in die Freiheit zu entlassen, explodierte vor dem Gerichtssaal eine Bombe. Der Sachschaden war immens, aber Menschen kamen glücklicherweise nicht zu Schaden.

Unterweger selbst beteuerte bis zur letzten Minute seine Unschuld. Am 29. Juni zog sich die Jury zur Beratung zurück. Es sollte mehr als neun Stunden dauern, bis sie zu einem Ergebnis gekommen war. Jack Unterweger wurde zu lebenslanger Haft in einer Anstalt für geistig verwirrte Kriminelle verurteilt. Nur wenige Stunden nach der Urteilsverkündung wurde Jack Unterweger tot in seiner Zelle aufgefunden. Er hatte sich am Gummizug seines Trainingsanzuges erhängt.

Die Beschuldigungen gegen Andras Pandy

Abschließend möchte ich, soweit es der Stand der Ermittlungen zuläßt (November 1997), auf den Ende 1997 in Belgien beschuldigten Andras Pandy eingehen.

Im Jahre 1996 trieben in Belgien gleich drei skrupellose Killer ihr Unwesen: Marc Dutroux, der "Schlächter von Mons" und Pastor Andras Pandy. Sie handelten offenbar voneinander unabhängig, haben jedoch eine Sache gemein: Lange Zeit wurden sie vom Staat verschont. Dutroux und Pandy sind nun in Haft, der "Schlächter von Mons" jedoch läuft noch frei herum und verbreitet Angst und Schrecken, wenn er in der Umgebung von Mons Plastiksäcke mit zersägten Leichenteilen gut sichtbar am Straßenrand hinterlegt. Von schlichter Unfähigkeit ist in der belgischen Presse die Rede.

Sowohl Dutroux als auch Pandy waren bereits etliche Jahre vor ihrer Verhaftung bei der Polizei bekannt, wobei im Falle Dutroux in Verbindung mit dem ehemaligen Justizminister und jetzigen Europa-Richter Wathelet noch der Vorwurf der Korruption hinzukommt. Minister Melchior Wathelet mußte sich im Zusammenhang mit vielen Politskandalen vor parlamentarischen Untersuchungsausschüssen befragen lassen. Er hat seinen Job inzwischen gewechselt, verdient jetzt als Europa-Richter umgerechnet 27.000 DM und wird nicht mehr belästigt. Bereits in den 80er Jahren wunderte man sich darüber, daß Wathelet dem sehr fähigen Untersuchungsrichter Freddy Troch das Verfahren um die "Mörder von Brabant" entzog, die im Zuge von Raubüberfällen insgesamt 28 Menschen erschossen hatten. Bald jedoch wurde bekannt, daß Freddy

Troch auch Spuren verfolgte, die in Polizeikreise und zu Sexpartys mit hohen Justizbeamten und Politikern führten. Der Verdacht liegt nahe, daß diese Ermittlungen dem Justizminister Wathelet unbehaglich waren. Viel erschreckender ist jedoch die Tatsache, daß Melchior Wathelet entgegen allen Ratschlägen und Empfehlungen den wegen Kindesmißbrauchs zu dreizehn Jahren Gefängnis verurteilten Marc Dutroux vorzeitig aus der Haft entließ. Zum Zeitpunkt seiner Entlassung hatte Dutroux erst die Hälfte seiner Strafe verbüßt, obwohl seiner Akte Gutachten beigelegt waren, von denen man auf die Gefährlichkeit des "perversen Psychopaten" hätte schließen müssen. Dutroux brachte nach seiner Entlassung mindestens vier Mädchen im Alter zwischen acht und neunzehn Jahren um. Wieder mußte man sich über Melchior Wathelet wundern. Dieser hatte jedoch auch schon eine Rechtfertigung parat: Er habe lediglich nach der Mehrheit der Experten entschieden, was aber widerlegt wurde.

Irgendwer in Belgien schien 1996 durch diesen Skandal wach zu werden. Ungelöste Vermißtenfälle wurden von der Brüsseler Kriminalpolizei aus den eigentlich geschlossenen Akten wieder hervorgeholt. So stieß man unter anderem auch auf zwei Anzeigen, die eine gewisse Agnes Pandy bereits im Spätsommer des Jahres 1992 im Alter von 34 Jahren aufgegeben hatte.

Sie gab an, daß ihr Vater Pastor Andras Pandy, der in den 50er Jahren aus Ungarn nach Belgien einwanderte, seine Stieftochter Timea sexuell mißbraucht hatte und aus dieser Beziehung 1984 ein Sohn geboren wurde. Ferner gab die Frau etliche Vermißtenanzeigen auf: Ihre beiden Brüder Zoltan und Daniel sowie ihre Mutter Ilona Sores seien spurlos verschwunden, ebenso vermisse sie die zweite Frau ihres Vaters, Edith Fintor, und deren Töchter Tunde und Andrea. Die nun folgende flüchtige Untersuchung ergab, daß Frauen und Kinder längst ins Ausland verzogen waren. Das jedenfalls machte Pastor Pandy den Kriminalisten durch etliche Briefe glaubhaft. Die Briefe wurden nicht weiter untersucht, sie waren alle auf einer Schreibmaschine getippt worden. Als man jedoch 1996 damit begann, verstaubte Akten zu öffnen, stellte man folgendes fest: Die ungarischen Familienangehörigen von Edith Fintor, Pandys zweite Frau, hatten sich an die Budapester Polizei gewandt. Sie waren zutiefst beunruhigt, da sich Edith seit Jahren nicht mehr gemeldet hatte. Im Jahre 1986 hatten sie lediglich einen Brief von Pastor Pandy erhalten, worin beschrieben war, wie sehr seine geliebte Frau Edith an unheilbarem Krebs litt und daß sie wohl bald sterben würde. Danach brach der Kontakt zum Pastor ab. 1988 bereits hatte Ediths Schwester in Ungarn den holländischen Gastpfarrer Andries Den Broeder angesprochen. Tatsächlich versuchte dieser dann auch erfolglos, Pastor Pandy in Belgien zur Rede zu stellen. Anschließend schrieb er an König Baudouin, der den Brief an Justizminister Melchior Wathelet weiterleitete, der die Sache aber nicht verfolgte. Als Den Broeder 1993 wieder an diese Angelegenheit dachte, schrieb er direkt an Wathelet, der ihn dann bat, einen Anwalt einzuschalten, ansonsten könne man nichts tun. Es tat sich auch nichts mehr.

Was damals ein Grund gewesen war, die Emittlungen einzustellen, wurde jetzt zum Ansatzpunkt. Man unternahm von Amts wegen nun endlich den Versuch, die 1992 als vermißt Gemeldeten zu finden. Offensichtlich erkannte man jetzt, daß die Briefe, die Pandy 1992 den Beamten als Lebenszeichen der Verwandten präsentiert hatte, einer intensiveren Untersuchung nicht standhalten konnten. Insgesamt besitzt Pandy vier Häuser. Drei davon unterhält er in Brüssel, eines im zwanzig Kilometer von Budapest entfernten Ort Dunakeszi. Hier fand die ungarische Polizei die Schreibmaschine, mit der die Briefe geschrieben wurden. Im Keller des Pandy-Wohnhauses in der Brüsseler Rue Vandermaelen fand die belgische Polizei menschliche Knochen. Pandy wurde daraufhin am 17. Oktober 1997 verhaftet.

Pastor Andras Pandy, inzwischen 71 Jahre alt, Vater von neun Kindern und Stiefkindern aus zwei Ehen wird zunächst verdächtigt, zwischen 1986 und 1989 mindestens zwei Stieftöchter, zwei Ehefrauen und zwei Söhne ermordet zu haben. Staatsanwalt Colpin gibt am gleichen Tag bekannt, daß Pandy wahrscheinlich noch einige Frauen umgebracht hatte, die er per Heiratsannonce aus Ungarn "kommen ließ".

Am Donnerstag, den 20. November 1997 nimmt der Fall eine überraschende Wende: Tochter Agnes wird verhaftet. Im Gegensatz zu ihrem Vater, der jegliche Aussage verweigert, legt sie ein Geständnis ab. Laut ihrer Aussage lebte Andras Pandy mit ihr, die ihn 1992 wegen Mißbrauchs seiner Stieftochter Timea anzeigte, in inzestuöser Beziehung. Ferner sagte Agnes Pandy aus, ihre Mutter Ilona Sores selbst erschossen zu haben. Auf Befehl ihres Vaters hin hatte sie auch die Brüder Zoltan und Daniel, die zweite Frau Pandys, Edith, und deren Tochter Andrea entweder mit einem Hammer erschlagen oder durch Schüsse getötet. Pastor Pandy soll hingegen eigenhändig noch eine seiner Töchter und vier weitere Menschen getötet haben. Dabei handelt es sich wahrscheinlich um Frauen, die der Pastor aus Ungarn angelockt hatte. Agnes und Andras Pandy haben dem Geständnis von Agnes zufolge die Leichen in Stücke zerteilt und diese dann in Säure aufgelöst. Die Leichenteile, die sich nicht aufgelöst hatten, wurden in Säcke verpackt und im Brüsseler Stadtteil Anderlecht an Schlachthöfen abgestellt. Über den Verbleib der Stieftochter Tunde ist bisher noch nichts bekannt. Die heute 33jährige Timea lebt laut Polizeiprotokoll mit ihrem Sohn Marc in Ungarn. Agnes hatte bereits 1985 versucht, diese Stiefschwester mit einem Hammer zu erschlagen, da der Pastor seinen Sohn Marc für sich alleine haben wollte. Polizeikommissar Monsieur rätselt über die Motive des "Teufels-Paars", wie das Duo in Belgien genannt wird. Er läßt jedoch verlauten, daß Agnes stets auf Befehl ihres Vaters handelte, da diese "in seinem Bann" gestanden habe. Noch sind die Untersuchungen an den Knochenfunden in den Brüsseler Horrorhäuser zwar nicht abgeschlossen, die bisher untersuchten Gebeine lassen sich aber den vermißten Familienangehörigen nicht zuordnen. Am 25.11. gibt der belgische Staatsanwalt Jozef Colpin bekannt, daß einige der Knochen von einer ungarischen Frau und deren 12jähriger Tochter stammen könnten, die vermißt werden und ein halbes Jahr lang im Brüsseler Haus des Pastors wohnten. Er beschwert sich, daß die ungarische Polizei eine diesbezügliche Anfrage bereits zwei Wochen unbeantwortet läßt. Am 26.11. taucht aber die beschriebene Frau mit ihrer 12jährigen Tochter in Ungarn auf. Die ungarischen Behörden übergeben der belgischen Polizei am gleichen Tag eine Liste mit den Namen von 185 vermißten Frauen, die dem mutmaßlichen "Teufels-Paar" zum Opfer gefallen sein könnten. Um weiteren Mißverständnissen vorzubeugen, soll überprüft werden, ob einige dieser Frauen auf Heiratsanzeigen des Pastors geantwortet haben und zu ihm nach Belgien gereist sind. Am 27.11. durchsucht die belgische Polizei ein früheres Anwesen des Pastors mit der Begründung, daß die Pandy vorgeworfenen Verbrechen immer in dessen Wohnhäusern begangen wurden. Es werden große Mengen von Knochen gefunden, die aber "stammen vermutlich nicht von Menschen", so teilte ein Sprecher mit. Die belgische Spionageabwehr bestätigt auf eine Anfrage, daß Pandy seit dem Ende der 60er Jahre dort registriert ist.

Ein alter Glaubensgenosse erinnert sich an die Predigten des Pastors Pandy: Er predigte mehr über Geld als über Gott. Äußerst aufdringlich trieb er die Kollekte ein und beeindruckte seine ungarische Gemeinde durch seine Habgier und Selbstherrlichkeit. Ende der 60er Jahre trennte sich die Gemeinde von ihrem Hirten, der nun in flämischen Schulen als Religionslehrer arbeitete. Bei dieser Gelegenheit ließ er sich von seinen Kollegen schriftlich attestieren, ein guter Vater und Pädagoge zu sein.

1992 übergab er diese "Atteste" der Brüsseler Polizei, als diese das erste Mal nach den vermißten Familienangehörigen bei ihm nachfragte. Offensichtlich waren die Schriftstücke damals in Verbindung mit den gefälschten Schreibmaschinenbriefen ausreichend überzeugend und der Mann wäre bis heute unbehelligt geblieben, hätte Dutroux nicht soviel Aufmerksamkeit erregt.